# Cuentos selectos

*Dans la même collection*

## Lire en anglais

Thirteen Modern English and American Short Stories
Seven American Short Stories
Nine English Short Stories
Roald Dahl: Someone Like You and Other Short
Stories
Somerset Maugham: The Escape and Other Short
Stories
Scott Fitzgerald : Pat Hobby and Orson Welles
and Other Short Stories

## Lire en allemand

Moderne Erzählungen
Deutsche Kurzgeschichten

## Lire en espagnol

Cuentos selectos
Cuentos del mundo hispánico

**LIRE EN ESPAGNOL**
*Collection dirigée par Henri Yvinec*

# Cuentos selectos

Juan José Arreola ● Jorge Luis Borges ● Julio Cortázar
● Miguel Delibes ● José Donoso ● Ventura García
Calderón ● José Luis González ● Ana María Matute ●
Augusto Monterroso ● Horacio Quiroga ● Augusto
Roa Bastos ● Juan Rulfo ● Arturo Uslar Pietri

Choix et annotations par Josette Allavena
Agrégée d'espagnol - Professeur au lycée Hector-Berlioz de Vincennes
et Josette Hervé
Agrégée d'espagnol - Professeur de Première Supérieure
au lycée La Bruyère de Versailles

Le Livre de Poche

# Signos y abreviaduras

⊠ ¡ cuidado !
≠ contrario de... ; diferente de...
< *vient de...*
> *donne...*
**A.L.** América Latina
**c. de t.** concordancia de los tiempos
**Esp.** España
**gal.** galicismo
**Mex.** México
**s.e.** *sous-entendu*
**Ur.** Uruguay
**Ven.** Venezuela
**Arg.** Argentina

*El cautivo* (J. L. Borges) de *El Hacedor* © Emecé Editores S.A. Buenos Aires, 1960.
*El eclipse* (A. Monterroso) de *Obras completas y otros cuentos* con el permiso de International Editors' Co. S.A.
*Cangrejeros* (J. L. González) de *En Nueva York y otras desgracias* © Siglo XXI Editores 1973.
*El pueblo en la cara* (Miguel Delibes) de *Viejas historias de Castilla la Vieja* © Editorial Lumen S.A. Barcelona.
*Una reputación* (J. Arreola) de *Confabulario definitivo,* con el permiso de Ediciones Cátedra, S.A. Madrid.
*Continuidad de los Parques* (J. Cortázar) de *Final juego* © Herederos de Julio Cortázar.
*Los Alambradores* (A.M. Matute) de *Historias de la Artámila* © 1961.
*"China"* (J. Donoso) de *Cuentos* © 1971.
*La flecha y la manzana* (A. Roa Bastos) de *El baldío* © A. Roa Bastos.
*El Baile de tambor* (A. Uslar Pietri) de *Treinta hombres y sus sombras* © 1975.
*El día del derrumbe* (J. Rulfo) de *El llano en llamas* con el permiso de Clara Aparicio de Rulfo.
*La venganza del cóndor* (V. García Calderón) con el permiso de Ediciones Peisa, Lima, Perú.

© 1989, Librairie Générale Française pour les présentations et les notes.

# Sommaire

Tout naturellement, après quelques années d'étude d'une langue étrangère, naît l'envie de lire dans le texte. Mais, par ailleurs, le vocabulaire dont on dispose est souvent insuffisant. La perspective de recherches lexicales multipliées chez le lecteur isolé, la présentation fastidieuse du vocabulaire, pour le professeur, sont autant d'obstacles redoutables. C'est pour tenter de les aplanir que nous proposons cette nouvelle collection.

Celle-ci constitue une étape vers la lecture autonome, sans dictionnaire ni traduction, grâce à des notes facilement repérables. S'agissant des élèves de lycée, les ouvrages de cette collection seront un précieux instrument pédagogique pour les enseignants en langues étrangères puisque les recommandations pédagogiques officielles (Bulletin officiel de l'Éducation nationale du 9 juillet 1987 et du 9 juin 1988) les invitent à " faire de l'entraînement à la lecture individuelle une activité régulière " qui pourra aller jusqu'à une heure hebdomadaire. Ces recueils de textes devraient ainsi servir de complément à l'étude de la civilisation. Celle-ci sera également abordée dans des volumes consacrés aux presses étrangères.

Le lecteur trouvera donc :

**En page de gauche**

Des textes contemporains – nouvelles ou courts romans – choisis pour leur intérêt littéraire et la qualité de leur langue.

**En page de droite**

Des notes juxtalinéaires rédigées dans la langue du texte, qui aident le lecteur à

*Comprendre*

Tous les mots et expressions difficiles contenus dans la ligne de gauche sont reproduits en caractères gras et expliqués dans le contexte.

*Observer*

Des notes d'observation de la langue soulignent le caractère idiomatique de certaines tournures ou constructions.

*Apprendre*

Dans un but d'enrichissement lexical, certaines notes proposent enfin des synonymes, des antonymes, des expressions faisant appel aux mots qui figurent dans le texte.

**Grammaire**

Le lecteur trouvera, au moins pour les nouvelles courtes et sous des formes diverses selon les volumes, un rappel des structures rebelles les plus courantes – c'est-à-dire des tournures les plus difficilement assimilées par les francophones. Des chiffres de référence renverront au contexte et aux explications données dans les *Grammaires actives* (de l'anglais, de l'allemand, de l'espagnol, du portugais...) publiées au *Livre de Poche*.

**Vocabulaire**

En fin de volume une liste de plus de 1 000 mots contenus dans les textes, suivis de leur traduction, comporte, entre autres, les verbes irréguliers et les mots qui n'ont pas été annotés faute de place ou parce que leur sens était évident dans le contexte. Grâce à ce lexique on pourra, en dernier recours, procéder à quelques vérifications ou faire un bilan des mots retenus au cours des lectures.

Henri YVINEC

*Jorge Luis Borges*
(Argentino 1899-1986)

# EL CAUTIVO

Es un autor de fama internacional cuya inspiración pudo nacer tanto en la saga nórdica como en la vida popular de Buenos Aires y de su Provincia.

Nació en la capital argentina en 1899 y adquirió gran cultura, pudiendo leer en español, francés, inglés, alemán. Llegó a ser director de la Biblioteca Nacional de Buenos Aires. Hizo conferencias en América y Europa.

Gracias a su prodigiosa actividad intelectual pudo superar moralmente el achaque que padeció en la madurez : la ceguera, la cual desarrolló su facultad creadora pues reanudó con su primera actividad poética.

Su obra predilecta, *El Hacedor* (1960), reúne relatos, ensayos, poemas (El Ajedrez por ejemplo). De este libro procede *El Cautivo*, cuento fundamentado en la tradición oral. Junín y Tapalqué son pueblos de la Provincia de Buenos Aires. En cuanto al malón, era un asalto o ataque inesperado de los Indios (en 1875, una sangrienta expedición del ejército desde Buenos Aires hacia el Sur acabó con aquellos Indios). A partir de una situación casi anecdótica, Borges plantea nada menos que el problema del tiempo, de la identidad y del libre albedrío.

Entre las obras más conocidas de Borges, cabe citar el libro de poemas : *Fervor de Buenos Aires* (1923) y los cuentos o ensayos : *Ficciones* (1944), *El Aleph* (1969), *El Libro de Arena* (1975). Borges murió en Ginebra en 1986.

En Junín o en Tapalqué refieren la historia. Un chico desapareció después de un malón; se dijo que lo habían robado los Indios. Sus padres lo buscaron inútilmente; al cabo de los años, un soldado que venía de tierra adentro les habló de un Indio de ojos celestes que bien podía ser su hijo. Dieron al fin con él (la crónica ha perdido las circunstancias y no quiero inventar lo que no sé) y creyeron reconocerlo. El hombre, trabajado por el desierto y por la vida bárbara, ya no sabía oír las palabras de la lengua natal, pero se dejó
10 conducir, indiferente y dócil, hasta la casa. Ahí se detuvo, tal vez porque los otros se detuvieron. Miró la puerta, como sin entenderla. De pronto bajó la cabeza, gritó, atravesó corriendo el zaguán y los dos largos patios y se metió en la cocina. Sin vacilar, hundió el brazo en la ennegrecida campana y sacó el cuchillito de mango de asta que había escondido ahí, cuando chico. Los ojos le brillaron de alegría y los padres lloraron porque habían encontrado al hijo.

Acaso a este recuerdo siguieron otros, pero el Indio no podía vivir entre paredes y un día fue a buscar su desierto.
20 Yo querría saber qué sintió en aquel instante de vértigo en que el pasado y el presente se confundieron; yo querría saber si el hijo perdido renació y murió en aquel éxtasis o si alcanzó a reconocer, siquiera como una criatura o un perro, los padres y la casa.

**refieren** < referir : cuentar (la gente cuenta)

**malón** : ataque inesperado de los Indios

**robado** : raptado □ **al cabo de** : cuando hubieron pasado años

**...de tierra adentro** : (peyorativo) era provinciano y no "Porteño"
es decir de Buenos Aires □ **celestes** : de un azul claro

**dieron con él** : lo encontraron

**creyeron** < creer

**el hombre** : el chico de antes ha envejecido □ **trabajado** : padeció
mucho en el desierto □ **oír** : aquí, comprender

**se detuvo** < detenerse : se paró, no anduvo más

**tal vez** : posiblemente

**sin entenderla** : sin comprender □ **de pronto** : súbitamente □ **atravesó**
< a través de □ **zaguán** : entrada □ **patios** : espacios descubiertos

**cocina** < cocer (alimentos) □ **vacilar** : dudar □ **hundió** : metió
dentro □ **campana** : boca de chimenea □ **...de asta** : recogió un
cuchillo cuyo mango era de cuerno □ **alegría** : júbilo ; estar alegre

**lloraron** de emoción ; el llanto

**acaso** : tal vez □ **siguieron** < seguir □ **el indio** : nótese el nuevo
punto de vista □ **entre paredes** ≠ vivir al aire libre

**querría** : quisiera □ **sintió** < sentir □ **vértigo** : sensación de pérdida
del equilibrio

**murió** < morir □ **el éxtasis**

**alcanzó** : fue capaz de □ **siquiera** : por lo menos □ **criatura** : niño
pequeño

# Grammaire au fil des nouvelles

*Traduisez les phrases suivantes inspirées du texte (le premier chiffre renvoie aux pages, les suivants aux lignes) :*

**C'est** à Junin *que* l'on raconte l'histoire (l'espagnol emploie peu l'équivalent de "c'est...que". 10,1).

**Un enfant disparut ;** *ses* **parents** *le* **cherchèrent** (passé simple verbes en *er* et *ar* ; pronom complément direct. 10,3).

***Des années après*** **ils le retrouvèrent** (10,6 et 4).

**Ils crurent le reconnaître** (v. *creer* + place du pronom à l'infinitif. 10,7).

**Il** *ne* **pouvait** *plus* **parler sa langue maternelle** (10,9).

**Le fils se laissa conduire** *jusqu'à* **la maison** (*hasta* ≠ *hacia*. 10,10).

**Il traversa l'entrée** *en courant* **et s'engouffra dans la cuisine** (construction et emploi du gérondif. 10,12).

**Il sortit** (*sacar* ≠ *salir*) **de la cheminée le couteau qu'il** *y* **avait caché** *étant* **enfant** (adverbe de lieu à la place du pronom "y". 10,15).

***Ses*** **yeux brillèrent de joie** (autre construction que le possessif. 10,16).

**Les parents** *comprirent* **qu'ils** *avaient retrouvé* **leur fils** (passé simple et plus-que-parfait. 10,17).

***Il alla*** **vivre avec ses amis indiens** (*ir a* + verbe. 10,19).

***Cette*** **extase dura un instant** (démonstratif pour un souvenir lointain. 10,22).

**Je voudrais savoir** *si* **le fils** *mourut***...** ("si" + discours indirect. 10,22).

**A-t-il reconnu ses parents,** *ne serait-ce* **qu'un instant?** (10,23).

## Augusto Monterroso
(Guatemalteco)

# EL ECLIPSE

Augusto Monterroso nació en Guatemala en 1921 y reside en México. Nuestro cuento viene del libro : *Obras completas (y otros cuentos)*, de 1959. Con este título se ve el tono de provocación que caracteriza al autor ; en él, el humorismo, el gusto por la paradoja, coexisten con el rigor de la construcción. Los cuentos suelen ser breves pero densos y todos sus elementos preparan con nitidez el efecto final, a menudo de significación satírica.

En "El Eclipse", Augusto Monterroso logra condensar en dos páginas, y sin apartarse de la anécdota, sin el menor comentario, un tema esencial para su país y para todo el continente latinoamericano. No sin crueldad evoca, frente al sentimiento de superioridad del fraile español del siglo XVI, el alto grado de conocimiento de la gran civilización de los Mayas. Y nos incita tanto más a la reflexión cuanto que no deja asomar ningún didactismo.

Encontramos las mismas características en *La Oveja negra y demás fábulas* (1969), bestiario original, que nos ofrece cuentos muy breves en los cuales la imaginación poética matiza a menudo la ironía.

Augusto Monterroso ha sido traducido al inglés, alemán, polaco.

Cuando fray Bartolomé Arrazola se sintió perdido aceptó que ya nada podría salvarlo. La selva poderosa de Guatemala lo había apresado, implacable y definitiva. Ante su ignorancia topográfica se sentó con tranquilidad a esperar la muerte. Quiso morir allí, sin ninguna esperanza, aislado, con el pensamiento fijo en la España distante, particularmente en el convento de Los Abrojos, donde Carlos Quinto condescendiera una vez a bajar de su eminencia para decirle que confiaba en el celo religioso de
10 su labor redentora.

Al despertar se encontró rodeado por un grupo de indígenas de rostro impasible que se disponían a sacrificarlo ante un altar, un altar que a Bartolomé le pareció como el lecho en que descansaría, al fin, de sus temores, de su destino, de sí mismo.

Tres años en el país le habían conferido un mediano dominio de las lenguas nativas. Intentó algo. Dijo algunas palabras que fueron comprendidas.

Entonces floreció en él una idea que tuvo por digna de
20 su talento y de su cultura universal y de su arduo conocimiento de Aristóteles. Recordó que para ese día se esperaba un eclipse total de sol. Y dispuso, en lo más íntimo, valerse de aquel conocimiento para engañar a sus opresores y salvar la vida.

—Si me matáis —les dijo— puedo hacer que el sol se oscurezca en su altura.

Los indígenas lo miraron fijamente y Bartolomé sorprendió la incredulidad en sus ojos. Vio que se produjo un pequeño consejo, y esperó confiado, no sin cierto
30 desdén.

Dos horas después el corazón de fray Bartolomé

**fray Bartolomé:** a los frailes que viven en conventos o son misioneros se les llama "fray Bartolomé", "fray Andrés", etc.

**apresado:** hecho prisionero

**se sentó a esperar...:** decidido a quedarse sentado hasta la llegada de la muerte □ **quiso** < querer

**aislado:** solo ⊠ **la España distante,** pero ≠ pensó en España

**Los Abrojos:** en Extremadura

**Carlos Quinto** de Alemania = Carlos I de España (1500-1558) □ **condescendiera:** había condescendido □ **confiaba en:** tenía confianza □ **celo:** ardor ⊠ **la labor**

**al despertar:** cuando hubo dormido y despertó □ **rodeado:** alrededor suyo había... □ **de rostro:** de cara ⊠ **sacrificarlo**

**altar:** lugar elevado donde se hacían los sacrificios; el ara

**lecho:** palabra más noble que "cama" □ **descansaría:** reposaría □

**temores** < el temor: el miedo ⊠ **de sí mismo** ≠ él mismo (lo pensaba...) □ **mediano:** mediocre

**intentó:** hizo una tentativa □ **dijo** < decir

**entonces:** en aquel momento □ **tuvo por digna:** él la juzgó digna

**Aristóteles:** filósofo griego (384-322 a. J.C.) □ **recordó:** le vino a la memoria □ **se esperaba:** *on attendait* □ **dispuso** < disponer

**valerse:** servirse, aprovechar □ **engañar:** mentir para influir en las decisiones de alguien

**si me matáis:** si vosotros me quitáis la vida...

**...se oscurezca** < oscurecerse; volverse oscuro; la oscuridad

**vio** < ver □ **se produjo** < producirse

**consejo:** aquí, reunión para intercambiar opiniones

**desdén:** desprecio, menosprecio; desdeñar, despreciar, menospreciar

Arrazola chorreaba su sangre vehemente sobre la piedra de los sacrificios (brillante bajo la opaca luz de un sol eclipsado), mientras uno de los indígenas recitaba sin ninguna inflexión de voz, sin prisa, una por una, las infinitas fechas en que se producirían eclipses solares y lunares, que los astrónomos de la comunidad maya habían previsto y anotado en sus códices sin la valiosa ayuda de Aristóteles.

**chorreaba su sangre :** vertía a chorros la sangre

**mientras :** al mismo tiempo ⊘ **uno de los...** ≠ <u>un</u> indígena
**sin prisa :** sin precipitación ; darse prisa, apresurarse
**las fechas :** los días precisos y memorables
**previsto** < prever
**códice :** libro manuscrito con dibujos y explicaciones □ **valioso, a :** que vale mucho

---

**Breves datos para la civilización maya :**

Edad de Oro clásica : 600-900 d. J.-C.
Renacimiento bajo influencia tolteca : 1200-1461.
Conquista del área maya por los Españoles :
   Conquista de la península de Yucatán (México) por el Adelantado Montejo : 1539-1542.
   Conquista de Guatemala por el Adelantado Pedro de Alvarado : 1523-1541.

# Grammaire au fil des nouvelles

*Traduisez les phrases suivantes inspirées du texte (le premier chiffre renvoie aux pages, les suivants aux lignes) :*

**Frère Barthélemy** *se sentit* **perdu** (emploi du verbe *sentir*. 14,1).

*Rien* **ne pouvait** *désormais le sauver* (place de l'adverbe de temps et de la négation ; place du pronom à l'infinitif. 14,2).

**Il** *s'assit* **tranquillement** *pour* **attendre la mort** (emploi du verbe *sentarse* + préposition. 14,4).

**Il** *voulut penser* **à la lointaine Espagne** (*pensar en* ; article défini + nom de pays déterminé. 14,6).

*Lorsqu'il s'éveilla,* **il était entouré d'un groupe d'Indiens** (*al* + infinitif. 14,11).

**Ces Indiens** *au* **visage impassible** *allaient le sacrifier* (préposition ; *ir a* ; infinitif + pronom. 14,12).

**Il** *essaya* **de dire** *quelques* **mots dans une des langues indigènes** (*intentar* : transitif. 14,18).

*Il se rappela* **que** *l'on attendait* **une éclipse de soleil** (*recordar* : non pronominal. 14,21).

**Il décida de tirer parti de ses connaissances** *pour* **sauver sa vie** (but : *para*. 14,23.24).

**Il vit qu'un conseil se réunissait** (14,28).

**Il attendit, non sans** *un* **certain dédain** (14,29).

**Les astronomes mayas connaissaient toutes les dates** *où* **se produiraient des éclipses solaires** (jamais *donde* pour exprimer le temps. 16,5).

**L'éclipse** *prévue se produisit* (*prever* formé sur *ver* ; passé simple des verbes terminés par *ducir*. 16,6 et 14,28).

*Pendant que* **l'un des Indiens récitait les dates des éclipses, les autres regardaient la lumière opaque du soleil** (16,3).

## José Luis González
(Puertorriqueño)

# CANGREJEROS

*A Lorenzo Homar*

José Luis González, nacido en 1926, es el narrador puertorriqueño más importante. Pero las autoridades de Inmigración norteamericanas le prohiben la entrada a su isla de Puerto Rico, que dejó en 1953 por motivos políticos. Vive pues en México donde trabaja como profesor de literatura en la Universidad.

Su obra corresponde a dos épocas distintas: la juventud — e incluso la adolescencia, ya que escribía cuentos antes de haber cumplido los diez y siete años— (*Cinco Cuentos de sangre,* 1945 ; *En este lado,* 1953); la madurez, después de un larguísimo silencio debido al choque del destierro (*Mambrú se fue a la guerra,* 1972 ; *En Nueva York y otras desgracias,* 1973). En este segundo período José Luis González elige con frecuencia el tema del conflicto cultural que opone el Puertorriqueño al Yanki.

Fue en Francia, siendo lector en la Universidad de Toulouse, donde volvió a la literatura, siempre con la nostalgia de su isla. Tiene fama de escritor populista por sus temas, y le gusta la sencillez expresiva.

"Cangrejeros" es un buen ejemplo de su escritura limpia, de su sensibilidad humana y de su amor entrañable a su tierra.

Llegaban de madrugada, a paso cansado. Descalzos, desnudos de la cintura arriba, con los pantalones arremangados a la altura de las rodillas. En las manos duras, los hachones apagados. Y sobre los hombros, largas varas de cuyos extremos colgaban pesados racimos de cangrejos.

Eran negros. Unos altos, de lustrosa piel y facciones finas. Otros bajetones, de bembes gruesos, nariz roma y pasa colorada. Todos negros, porque el jíbaro no es capaz
10 de vivir en el manglar.

Junto a las viviendas miserables recibíanlos las mujeres con cocos llenos de café humeante y pedazos de casabe. Sueltos los cangrejos dentro de los corrales, los hombres desayunaban en silencio. Las mujeres conversaban tonterías y se restregaban los ojos soñolientos.

Después los hombres se acostaban, todavía sucios del hediondo y negro fango del manglar. Las hembras trajinaban sobre las cuatro tablas con techo de yaguas que hacían de cocina. A ratos volvían la mirada hacia donde el
20 hombre dormía. Éste despertaba al fin y llamaba con la voz todavía perezosa. La mujer, entonces, acudía feliz, con los ojos brillantes. Y a poco el camastro gemía bajo el peso de los cuerpos enlazados.

La pequeña comunidad sólo tenía un recuerdo vago de su origen. Siete hombres con sus mujeres y sus hijos. Siete chozas en el corazón oscuro del manglar. Siete hachones encendidos que marcaban, noche a noche, una hilera de luminosos puntos suspensivos sobre la gran extensión de la
30 ciénaga sin caminos.

Los jueves se vendían en la ciudad. Y el producto de la venta se repartía con igualdad entre los hombres. Jamás

**madrugada** : primeras horas de la mañana □ **descalzos** : sin zapatos
**...arriba** : desnudo el torso
**...rodillas** : para no mojarse ni ensuciarse
**hachones** < hachón : antorcha □ **apagados** ≠ encendidos □
**hombros** : *épaules* □ **...extremos** : extremos de esos palos o picas
**los cangrejos** (*crabes*) **colgaban en racimos** como uva o grosellas
**facciones** < facción : línea de la cara
**bajetones** < bajos □ **bembes** (A.L.) : labios □ **roma** : aplanada
**pasa** : pelo de los negros □ **colorado, a** : casi rojo □ **jíbaro** : indio
**manglar** (mangle : *palétuvier* ; inglés : *mangrove*) : ciénaga
**vivienda** : lugar donde se vive □ **recibíanlos** (literario) : los recibían
**coco** : calabaza de la nuez de coco □ **casabe** : torta de tapioca
**sueltos** < soltar ≠ aprisionar □ **corrales** : depósitos para guardar
peces, mariscos □ **desayunaban** : comían por la mañana
**...tonterías** : decían cosas de poca monta □ **se restregaban** : se
frotaban □ **soñoliento, a** : lleno de sueño □ **se acostaban** : se
tendían □ **sucio, a** ≠ limpio □ **hediondo, a** : que huele mal ; el
hedor, heder □ **hembras** : mujeres □ **trajinaban** : iban y venían □
**tablas** : de madera □ **yaguas** : (A.L.) palmeras □ **hacían de** : servían
de □ **a ratos** : a veces □ **éste** : pronombre ≠ este : adjetivo
**acudía** : llegaba
**a poco** : poco tiempo después □ **camastro** : cama miserable


**sólo tenía** : no tenía más que... □ **recuerdo** : en la memoria ;
recordar ☒ el origen
**chozas** : están hechas con paja □ **hachones** : 1.4
**encendidos** < encender, dar luz □ **noche a noche** : noche tras
noche □ **una hilera de puntos suspensivos** : ... ☒ gran extensión


**jueyes** (A.L.) : cangrejos ; cangrejero : el hombre que los pesca ;
(Esp.) : marisquero □ **se repartía** : forma activa preferible a la

21

hubo entre aquella gente rencillas o disgustos por cuestiones de dinero.

Así debieron de pasar años. Porque los hombres se fueron haciendo viejos y los muchachos comenzaron a salir por las noches, con sus hachones y sus varas. Nacieron, también, otros negritos. Las siete chozas originales se convirtieron en trece. La vida siguió igual, por otra parte. Desinteresada y sedentaria. Animada sólo por el cañita que ellos mismos destilaban.

10   Hasta que, un día, uno de los más jóvenes se desgració.

Fue en uno de los barrios —de esos que llaman "bajos"— de la ciudad. En uno de esos traspatios donde se consume cerveza fría y una radio nunca deja de sonar. Todo por una de esas palabras a las que un hombre —si lo es— no puede dejar de responder. La cosa fue que mató. Con el mismo puñal del otro, que fue el primero en agredir.

Tuvo tiempo para llegar y contarlo todo. Y decir también que la policía venía pisándole los talones.

20   —Pero no es na —concluyó—. Ahora mismo me voy. El mangle es grande y sin caminos.

El más viejo hizo silencio con una mirada. Después pronunció estas palabras graves :

—Nos vamos todos.

El "desgraciado" intentó protestar :

—Pero por uno no deben pagar todos. Además, si me cogen, siempre se va a saber que fue en defensa propia.

El viejo no habló más. Pero las mujeres empezaron a hacer los líos y los hombres a recoger las varas y los
30   hachones. Con eso bastaba para el éxodo.

La policía llegó al anochecer, con sus uniformes azules

22

forma pasiva □ **hubo** < haber □ **rencillas** : discordias □ **disgustos** :
motivos para reñir, para pelearse
**debieron de pasar** : pasaron probablemente
**...viejos** : transformación lenta < irse haciendo viejo

**se convirtieron en** < convertirse en ; llegaron a ser
**siguió igual** : fue la misma □ **por otra parte** : en otros aspectos
**cañita** : ron muy fuerte de fabricación clandestina

**se desgració** : fue víctima de la mala suerte

**fue** : ocurrió □ **barrios bajos** : partes más pobres de la ciudad
**traspatio** : patio detrás del patio principal
**cerveza** : *bière* □ **nunca deja de sonar** : suena a todas horas □ **por** :
por causa de □ **si lo es** : si es un hombre de verdad
**la cosa fue que mató** : es cierto que mató, *le fait est qu'il tua*
**puñal** : arma blanca □ **...agredir** : el otro fue el primer agresor
**contar**lo todo
**venía pisándole los talones** : le perseguía y estaba muy cerca
**na (popular)** : nada □ **concluyó** < concluir
**mangle** : aquí, manglar, marisma, ciénaga
**mirada** < mirar

**el desgraciado** : el infeliz
**por uno...** ; pagar por una persona
**si me cogen (forma impersonal)** : si me capturan

**líos** : paquetes mal hechos □ **recoger** : reunir
**bastaba** : era suficiente

**al anochecer** : a la hora del crepúsculo □ **uniformes planchados** :

muy planchados y las botas negras, relucientes. No encontraron más que trece chozas vacías y una multitud de huellas ya endurecidas en el fango.

(1943)

sin arrugas, impecables (lavar y planchar la ropa) □ **no...más que :**
sólo encontraron □ **vacío, a :** sin nadie ni nada
**huellas :** las formas de los pies dibujadas en el fango □ **endurecidas**
< endurecer : ponerse duro

# Grammaire au fil des nouvelles

*Traduisez les phrases suivantes inspirées du texte (le premier chiffre renvoie aux pages, les suivants aux lignes) :*

**Ils arrivaient** *au* **petit jour, pieds nus,** *les pantalons* **retroussés jusqu'aux genoux** (emploi des prépositions ; *con* précède description. 20,1 et 2).

**Sur les épaules ils portaient de longues perches** *aux extrémités desquelles* **pendaient des grappes de crabes** (*cuyo* qui s'accorde est précédé de préposition. 20,5).

*Une fois* **les crabes** *lâchés* **dans les parcs à pêche, les hommes prenaient leur petit déjeuner** (participe passé en tête. 20,13).

**Quatre planches** *servaient* **de cuisine** (20,19).

**La communauté** *n'***avait** *qu'***un vague souvenir de son origine** (20,25).

**Les crabes** *étaient vendus* **à la ville ; le produit de la vente** *était réparti* **avec équité** (forme active, réfléchie en esp. 20,31.32).

*Il n'y eut jamais* **entre eux de disputes** *pour* **des questions d'argent** (place de l'adverbe de temps ; verbe *haber* ; "pour" : motif = *por*. 22,1).

**Les hommes** *se firent vieux* (*ir* + gérondif. 22,4).

**La vie** *continua de même,* **jusqu'au jour** *où* **il arriva** (v. *ocurrir*) **un malheur** (passé simple verbe *seguir* ; "où" temporel. 22,7.10).

*Le fait est qu'il tua* **; l'autre fut le** *premier à* **l'agresser** (verbe "être" au passé simple ; adjectif *primero* + *en.* 22,17) .

**Cela se passa dans un bas quartier de la ville** (22,12).

**Tout cela** *pour* **un mot** (motif : "pour" = *por.* 22,13).

**Il** *eut* **le temps de** *tout* **raconter** (passé simple de *tener ; todo* construit avec *lo.* 22,18).

**Tous ne doivent pas payer** *pour* **un seul** (cause : "pour" = *por.* 22,26).

*Ce fut* **un cas de légitime défense** ("c'est...ce fut" : verbe *ser.* 22,27).

**Les policiers** *ne* **trouvèrent** *que* **treize cases vides** (24,2).

## Miguel Delibes
(Español)

# EL PUEBLO EN LA CARA

Miguel Delibes nació en 1920 en Valladolid, y buena parte de su obra se inspira en la meseta del Norte de Castilla, como el libro *Viejas Historias de Castilla la Vieja* del que procede nuestro cuento. En estas narraciones cortas, lo mismo que en la novela *Las Ratas* (1962) o en el *Diario de un cazador*, el novelista restituye el ambiente, la realidad física y espiritual de los pueblos castellanos y del paisaje. La lengua empleada es quizás el mayor acierto del escritor, quien domina admirablemente el lenguaje popular y manifiesta un verdadero empeño lingüístico al recoger los modismos más significativos, los giros más sabrosos de los hombres de su tierra.

*El Pueblo en la Cara* se presenta como un monólogo en voz alta en el cual el personaje se identifica totalmente con el narrador, gracias al empleo de la primera persona. El lenguaje viene así a ser implícitamente la mejor ilustración de la tesis desarrollada, la superioridad del pueblo sobre la ciudad pervertida por el "progreso" : "ser de pueblo es un don de Dios".

Pero la inspiración de Miguel Delibes es múltiple, y resulta imposible enumerar aquí ni siquiera sus principales obras. Citaremos en el ambiente campesino : *Los Santos inocentes*, fuente de la hermosa película de Mario Camus (Cannes 1984).

En *Cinco Horas con Mario* (1966), nuestro autor supo crear una situación muy original, y un personaje excepcional : Carmen, viuda de Mario, quien, en un monólogo de cinco horas, revela dos vidas, dos destinos ; paralelamente el lector descubre el ambiente de cualquier capital de provincia española durante los años del franquismo.

Cuando yo salí del pueblo, hace la friolera de cuarenta y ocho años, me topé con el Aniano, el Cosario, bajo el chopo del Elicio, frente al palomar de la tía Zenona, ya en el camino de Pozal de la Culebra. Y el Aniano se vino a mí y me dijo: «¿Dónde va el Estudiante?» Y yo le dije: «¡Qué sé yo! Lejos.» «¿Por tiempo?» dijo él. Y yo le dije: «Ni lo sé.» Y él me dijo con su servicial docilidad: «Voy a la capital. ¿Te se ofrece algo?» Y yo le dije: «Nada, gracias, Aniano.»

10    Ya en el año cinco, al marchar a la ciudad para lo del bachillerato, me avergonzaba ser de pueblo y que los profesores me preguntasen (sin indagar antes si yo era de pueblo o de ciudad): «Isidoro ¿de qué pueblo eres tú?» Y también me mortificaba que los externos se dieran de codo y cuchichearan entre sí: «¿Te has fijado qué cara de pueblo tiene el Isidoro?» o, simplemente, que prescindieran de mí cuando echaban a pies para disputar una partida de zancos o de pelota china y dijeran despectivamente: «Eso no; ése es de pueblo.» Y yo ponía buen cuidado por entonces en
20 evitar decir: «Allá en mi pueblo...» o «El día que regrese a mi pueblo», pero, a pesar de ello, el Topo, el profesor de Aritmética y Geometría, me dijo una tarde en que yo no acertaba a demostrar que los ángulos de un triángulo valieran dos rectos: «Siéntate, llevas el pueblo escrito en la cara.» Y, a partir de entonces, el hecho de ser de pueblo se me hacía una desgracia, y yo no podía explicar cómo se cazan gorriones con cepos o colorines con liga, ni que los espárragos, junto al arroyo, brotaran más recio echándoles porquería de caballo, porque mis compañeros me menos-
30 preciaban y se reían de mí. Y toda mi ilusión, por aquel tiempo, estribaba en confundirme con los muchachos de ciudad y carecer de un pueblo que parecía que le marcaba

**salí** ≠ entré □ **pueblo**: más pequeño que ciudad □ **friolera**: bagatela □ **me topé con**: me encontré con ☒ **el Aniano** (familiar)

**chopo**: árbol a orillas del agua □ **palomar**: donde se crían palomas; la paloma de la paz de Picasso □ **...Culebra**: topónimo sabroso: *Margelle de la couleuvre* □ **se vino** < venirse □ **¿Dónde?**: adónde □ **¿Por tiempo?**: ¿Por mucho tiempo?

**Ni lo sé**: ni siquiera lo sé.

**¿Se te ofrece algo?**: formula de cortesía: ¿necesitas algo?


**el año cinco**: 1905 □ **al marchar**: cuando me fui □ **lo del bachillerato**: estudios de segunda enseñanza □ **me avergonzaba ser de pueblo**: me humillaba ser de origen pueblerino □ **indagar**: buscar, averiguar.

**... codo** < darse de codo: además con el que dos personas cómplices se burlan de otra □ **cuchichear**: hablar en voz baja □ **fijarse**: darse cuenta □ **...de mí**: que no contaran conmigo

**echaban a pies**: echaban a suerte □ **zancos**: *échasses*

**pelota china**: *balle au prisonnier* □ **eso** designa el juego, **ése** = el protagonista □ **... cuidado**: me esforzaba

**allá** ≠ aquí ☒ **el día que regrese**: el día que vuelva (futuro en francés)

**a pesar de ello**: a pesar de eso □ **Topo**: animal que ve poco; apodo del profesor

**no acertaba a demostrar**: no lograba demostrar

**siéntate** < sentarse □ **... escrito**: se te nota al mirarte a la cara que vienes de un pueblo.

**... desgracia**: lo veía como una calamidad.

**cepos**: dispositivos que aprisionan al pájaro □ **liga**: materia pegajosa □ **arroyo**: río □ **brotar**: crecer □ **recio**: reciamente, con más fuerza □ **porquería**: excremento, boñiga □ **menospreciaban**: despreciaban ☒ **ilusión**: esperanza y felicidad

**aquel tiempo** ≠ ahora □ **estribaba**: consistía en

**carecer**: no tener, estar desprovisto de...


29

a uno, como a las reses, hasta la muerte. Y cada vez que en vacaciones visitaba el pueblo, me ilusionaba que mis viejos amigos, que seguían matando tordas con el tirachinas y cazando ranas en la charca con un alfiler y un trapo rojo, dijeran con desprecio : « Mira el Isi ; va cogiendo andares de señoritingo. » Así, en cuanto pude, me largué de allí, a Bilbao, donde decían que embarcaban mozos gratis para el Canal de Panamá y que luego le descontaban a uno el pasaje de la soldada. Pero aquello no me gustó, porque ya por 10 entonces padecía yo del espinazo y me doblaba mal y se me antojaba que no estaba hecho para trabajos tan rudos y, así de que llegué, me puse primero de guardagujas y después de portero en la Escuela Normal y más tarde empecé a trabajar las radios Philips que dejaban una punta de pesos sin ensuciarse uno las manos. Pero lo curioso es que allá no me mortificaba tener un pueblo y hasta deseaba que cualquiera me preguntase algo para decirle : « Allá, en mi pueblo, el cerdo lo matan así, o asao. » O bien : « Allá, en mi pueblo, los hombres visten traje de pana rayada y las 20 mujeres sayas negras, largas hasta los pies. » O bien : « Allá, en mi pueblo, la tierra y el agua son tan calcáreas que los pollos se asfixian dentro del huevo sin llegar a romper el cascarón. » O bien : « Allá, en mi pueblo, si el enjambre se larga, basta arrimarle una escriña agujereada con una rama de carrasco para reintegrarle a la colmena. » Y empecé a darme cuenta, entonces, de que ser de pueblo era un don de Dios y que ser de ciudad era un poco como ser inclusero y que los tesos y el nido de la cigüeña y los chopos y el riachuelo y el soto eran siempre los mismos, mientras las 30 pilas de ladrillo y los bloques de cemento y las montañas de piedra de la ciudad cambiaban cada día y con los años

**a uno :** como si dijera "a mí" □ vacas o cabras son **reses**
**me ilusionaba :** me encantaba
**tordas :** aves que se encuentran en las viñas □ **tirachinas :** horqueta
con goma para lanzar piedrecillas □ **ranas :** batracios ☒ me
ilusionaba que **dijeran** < decir □ **andares :** manera de andar
**señoritingo :** señorito □ **... allí :** me fui inmediatamente, cuando
tuve la oportunidad □ **mozos :** chicos, jóvenes
**luego :** después □ **pasaje :** billete de barco
**soldada :** paga, sueldo □ **aquello :** la vida allá
**espinazo** (familiar): ya me dolía la espalda □ **me doblaba :** me
inclinaba □ **se me antojaba :** me parecía
**así de que** (no imitar): en cuanto □ **me puse de** < ponerse □
**guardagujas :** el que cuida los cambios de agujas del ferrocarril
**una punta :** una pequeña cantidad □ **peso :** moneda de varios países
de A.L. □ **ensuciarse** < sucio ≠ limpio

**cualquiera :** cualquier persona
**cerdo... asa** (d) **o :** juego de palabras 1) puerco matado así o asá;
2) < asar : *griller* □ **visten** < vestir □ **traje :** chaqueta y pantalón
**sayas :** faldas

**el enjambre** de abejas labra la miel
**se larga :** se va bruscamente □ **basta arrimarle :** no hay más que
acercarle □ **escriña :** cesta □ **agujereada** < agujerear ; el **agujero :**
el hueco
**inclusero :** niño abandonado, educado en el asilo llamado "inclusa"
**tesos :** cimas, alturas
**riachuelo :** río pequeño □ **soto :** arboleda
**pilas :** montones □ **ladrillos,** rojos y rectangulares, sirven para
construir casas

no restaba allí un solo testigo del nacimiento de uno, porque mientras el pueblo permanecía, la ciudad se desintegraba por aquello del progreso y las perspectivas de futuro.

**testigo:** el que asistió □ **uno:** impersonal, y a la vez el que habla
**permanecía:** conservaba su identidad
**por aquello de:** por causa de, so pretexto de

# Grammaire au fil des nouvelles

*Traduisez les phrases suivantes inspirées du texte (le premier chiffre renvoie aux pages, les suivants aux lignes) :*

*Il y a* quarante-huit ans que j'ai quitté le village (28,1).

*Lorsque je suis parti pour* la ville, j'avais honte que les professeurs *me demandent* de quel village j'étais (*al* + infinitif ; c. de t., "être", "provenir d'un endroit" : *Ser.* 28,10.12).

*J'étais mortifié* qu'on se passe de moi pour jouer (c. de t. 28,14.16).

*Celui-là,* il est de la campagne (28,18).

Le jour *où je rentrerai* au village... (comme avec *cuando* : subj. à la place du futur. 28,20).

Le fait d'être de la campagne me rendait malheureux (28,25).

La campagne, ça *vous* marque jusqu'à la mort ("vous" : *uno.* 30,1).

Mes amis *continuaient de tuer* des grives avec des lance-pierres (*seguir* + gérondif. 30,3).

*Dès que* j'ai pu, j'ai filé (30,6).

*On* disait qu'*on* embarquait des gars gratuitement (30,7).

*Il me semblait* que je n'étais pas fait pour ce travail (*antojarse.* 30,11.12).

J'ai d'abord fait le concierge (*ponerse de* + nom. 30,12).

*Ce qui est curieux* c'est que là-bas, j'avais envie de parler de mon village (*lo* + adjectif. 30,15).

Je souhaitais que quelqu'un, n'importe qui, me pose une question (emploi de *cualquiera* ; c. de t. 30,17).

Là-bas, les hommes *portent* le costume de velours côtelé (*vestir* : modèle *pedir.* 30,19).

*Être* de la ville, c'est un peu comme *être* de l'Assistance publique (appartenance : "être" = *ser.* 30,27).

*Alors que* le village restait tel quel, la ville se désintégrait (32,2).

## Juan José Arreola

(Mexicano)

# UNA REPUTACIÓN

Nació en 1918 en Ciudad Guzmán (llamada antes Zapotlán) en el estado de Jalisco, al Este de México. Es un autodidacta que tiene hondo conocimiento del ser humano, por haber ejercido oficios tan diferentes como vendedor ambulante, mozo de cuerda, periodista, profesor de Historia y Literatura, director de un programa cultural de televisión, etc...

Escribió una novela en 1963 : *La Feria*, en cuyo ambiente reinventa las facetas de su ciudad natal, pero es ante todo cuentista.

Una beca del Colegio de México le permitió terminar y publicar su primer libro de cuentos : *Varia invención* (1949), luego publicó *Confabulario* en 1952. Las dos obras volvieron a publicarse en *Confabulario total* (1962). El mismo autor hizo una autoantología al publicar *Confabulario personal* en 1980.

Arreola cincela "viñetas" con humor y ternura. Su arte es minucioso. El escritor reinterpreta memorables situaciones históricas y literarias según su propia experiencia vital.

Escribió un cuento fantástico con "El Guardagujas", el más publicado en las selecciones de cuentos latinoamericanos. En cambio, el ambiente de "Una Reputación" parece ser cotidiano. Sin embargo, bajo la aparente sencillez, elabora una construcción que lleva el protagonista, "Don Quijote del Siglo XX", a una situación absurda.

La cortesía no es mi fuerte. En los autobuses suelo disimular esta carencia con la lectura o el abatimiento. Pero hoy me levanté de mi asiento automáticamente, ante una mujer que estaba de pie, con un vago aspecto de ángel anunciador.

La dama beneficiada por ese rasgo involuntario lo agradeció con palabras tan efusivas, que atrajeron la atención de dos o tres pasajeros. Poco después se desocupó el asiento inmediato, y al ofrecérmelo con leve y significativo ademán, el ángel tuvo un hermoso gesto de alivio. Me senté allí con la esperanza de que viajaríamos sin desazón alguna.

Pero ese día me estaba destinado, misteriosamente. Subió al autobús otra mujer, sin alas aparentes. Una buena ocasión se presentaba para poner las cosas en su sitio; pero no fue aprovechada por mí. Naturalmente, yo podía permanecer sentado, destruyendo así el germen de una falsa reputación. Sin embargo, débil y sintiéndome ya comprometido con mi compañera, me apresuré a levantarme, ofreciendo con reverencia el asiento a la recién llegada. Tal parece que nadie le había hecho en toda su vida un homenaje parecido: llevó las cosas al extremo con sus turbadas palabras de reconocimiento.

Esta vez no fueron ya dos ni tres las personas que aprobaron sonrientes mi cortesía. Por lo menos la mitad del pasaje puso los ojos en mí, como diciendo: "He aquí un caballero." Tuve la idea de abandonar el vehículo, pero la deseché inmediatamente, sometiéndome con honradez a la situación, alimentando la esperanza de que las cosas se detuvieran allí.

Dos calles adelante bajó un pasajero. Desde el otro extremo del autobús, una señora me designó para ocupar

**cortesía**: amabilidad □ **suelo**: tengo por costumbre
**carencia**: aquí la falta de educación
**me levanté de mi asiento**: dejé el sitio □ **ante**: frente a
**estaba de pie**, porque no había asiento libre □ **ángel** ≠ demonio

**beneficiada**: favorecida □ **rasgo**: acción simpática □ **lo agradeció**: la dama dio las gracias
**pasajeros**: viajeros □ **se desocupó**: quedó libre
**inmediato**: contiguo, de al lado □ **al ofrecérmelo**: cuando me lo ofreció □ **ademán**: se hace con la mano ≠ **gesto**: se lee en la cara
**alivio**: *soulagement* ⊘ **con la esperanza de que** □ **sin desazón**: tranquilamente ⊘ **sin... alguna**: sin ninguna desazón

**alas**: el ángel tiene dos alas ⊘ **otra**: sin artículo definido
**poner las cosas en su sitio**: tener una conducta menos generosa
**no fue aprovechada por mí**: no supe aprovechar
**destruyendo** < destruir □ **germen**: embrión
**sin embargo**: *cependant* □ **débil**: sin fuerzas □ **ya**: *désormais* □
**comprometido con**: obligado por motivos morales a actuar bien
**recién llegada**: que acababa de llegar
**en toda su vida**: durante toda su vida □ **tal parece**: diríase
**homenaje**: demostración de respeto □ **...extremo**: exageró
**turbado**: desconcertado □ **reconocimiento**: agradecimiento
**no... ya**: *ne... plus* ⊘ **dos, tres, cuatro...** verbo ser
**aprobaron**: encontraron muy bien □ **por lo menos**: *au moins*
**pasaje**: los pasajeros, viajeros □ **he aquí**: aquí está
**caballero**: un hombre que actúa como un noble del pasado
**deseché**: eliminé, rechacé □ **honradez**: probidad, dignidad

**detuvieran** < detener ≠ continuar ⊘ concordancia
**adelante** ≠ atrás ; el autobús avanza hacia el terminal
⊘ **autobús** > autobuses (¡ pierde el acento !)

el asiento vacío. Lo hizo sólo con una mirada, pero tan imperiosa, que detuvo el ademán de un individuo que se me adelantaba; y tan suave, que yo atravesé el camino con paso vacilante para ocupar en aquel asiento un sitio de honor. Algunos viajeros masculinos que iban de pie sonrieron con desprecio. Yo adiviné su envidia, sus celos, su resentimiento, y me sentí un poco angustiado. Las señoras, en cambio, parecían protegerme con su efusiva aprobación silenciosa.

10    Una nueva prueba, mucho más importante que las anteriores, me aguardaba en la esquina siguiente: subió al camión una señora con dos niños pequeños. Un angelito en brazos y otro que apenas caminaba. Obedeciendo la orden unánime, me levanté inmediatamente y fui al encuentro de aquel grupo conmovedor. La señora venía complicada con dos o tres paquetes; tuvo que correr media cuadra por lo menos, y no lograba abrir su gran bolso de mano. La ayudé eficazmente en todo lo posible, la desembaracé de nenes y envoltorios, gestioné con el chófer la exención de pago para
20  los niños, y la señora quedó instalada finalmente en mi asiento, que la custodia femenina había conservado libre de intrusos. Guardé la manita del niño mayor entre las mías.

Mis compromisos para con el pasaje habían aumentado de manera decisiva. Todos esperaban de mí cualquier cosa. Yo personificaba en aquellos momentos los ideales femeninos de caballerosidad y de protección a los débiles. La responsabilidad oprimía mi cuerpo como una coraza agobiante, y yo echaba de menos una buena tizona en el costado. Porque no dejaban de ocurrírseme cosas graves.
30  Por ejemplo, si un pasajero se propasaba con alguna dama, cosa nada rara en los autobuses, yo debía amonestar al agresor y aun entrar en combate con él. En todo caso, las

**vacío** ≠ ocupado □ **hizo** < hacer □ **una mirada** < mirar

**detuvo**: la mirada interrumpió el ademán del individuo

**...adelantaba**: iba a sentarse antes que yo □ **suave** (la mirada)

**vacilante**: titubeante

**iban de pie**: estaban de pie □ **sonrieron** < sonreír < reír

**desprecio**: desdén □ **celos**: *jalousie*

**en cambio**: por lo contrario

**efusivo**: afectuoso ; + estar : actitud momentánea ; + ser : rasgo de carácter

**prueba**: test para que demostrara mi cortesía ; experiencia

**aguardaba**: esperaba □ **esquina**: ángulo formado por dos calles

**camión** (Mex.): autobús

**caminaba**: andaba □ **obedeciendo la orden**: v. transitivo

**fui al encuentro**: me dirigí hacia

**conmovedor**: que suscita emoción □ **venía** = estaba

**tuvo que**: había tenido que correr □ **media cuadra** # 100 m

**no lograba**: no podía □ **gran**: apócope delante de un nombre

**en todo lo posible**: *dans la mesure...* □ **nene**: niño pequeño

**envoltorio**: paquete mal hecho □ **gestionar**: ocuparse de

**...niños**: los niños pequeños no pagan en el autobús

**custodia**: las mujeres vigilan el asiento como si fuera un tesoro

**manita** < la mano □ **mayor**: más grande

**compromiso**: obligación moral □ **para con**: *envers*

**cualquier cosa**: algo, una intervención cualquiera ▨ apócope


**caballerosidad**: actitud de caballero digno y noble

**coraza**: se usaba para defender el cuerpo en la guerra

**agobiante**: que pesa □ **...menos**: lamentaba no tener □ **tizona**: espada ; del nombre de la del Cid □ **ocurrírseme**: venirme a la mente □ **se propasaba**: faltaba al respeto, se mostraba impertinente □ **cosa nada rara**: no excepcional

**entrar en combate con él**: como el famoso Don Quijote

señoras parecían completamente seguras de mis reacciones de Bayardo. Me sentí al borde del drama.

En esto llegamos a la esquina en que debía bajarme. Divisé mi casa como una tierra prometida. Pero no descendí. Incapaz de moverme, la arrancada del autobús me dio una idea de lo que debe ser una aventura trasatlántica. Pude recobrarme rápidamente; yo no podía desertar así como así, defraudando a las que en mí habían depositado su seguridad, confiándome un puesto de
10 mando. Además, debo confesar que me sentí cohibido ante la idea de que mi descenso pusiera en libertad impulsos hasta entonces contenidos. Si por un lado yo tenía asegurada la mayoría femenina, no estaba muy tranquilo acerca de mi reputación entre los hombres. Al bajarme, bien podría estallar a mis espaldas la ovación o la rechifla. Y no quise correr tal riesgo. ¿Y si aprovechando mi ausencia un resentido daba rienda suelta a su bajeza? Decidí quedarme y bajar el último, en la terminal, hasta que todos estuvieran a salvo.

20 Las señoras fueron bajando una a una en sus esquinas respectivas, con toda felicidad. El chófer ¡santo Dios! acercaba el vehículo junto a la acera, lo detenía completamente y esperaba a que las damas pusieran sus dos pies en tierra firme. En el último momento, vi en cada rostro un gesto de simpatía, algo así como el esbozo de una despedida cariñosa. La señora de los niños bajó finalmente, auxiliada por mí, no sin regalarme un par de besos infantiles que todavía gravitan en mi corazón, como un remordimiento.

30 Descendí en una esquina desolada, casi montaraz, sin

40

**Bayardo :** caballero valeroso del siglo XVI

**en esto :** *là-dessus* □ **llegamos :** acción terminada

**divisé :** vi de lejos ☑ divisar : ver ≠ **dividir :** hacer partes

**la arrancada :** el autobús arranca, empieza a circular


**pude** < poder : fui capaz de □ **recobrarme :** recuperar la calma

**así como así :** a la ligera □ **defraudando :** desilusionando


**...mando :** dirección de las operaciones □ **cohibido :** tímido

**pusiera** < poner □ **impulsos :** reacción espontánea

**entonces :** en aquel momento □ **si... femenina :** las mujeres estaban a mi favor

**al bajarme :** cuando descendiera yo, cuando me bajara

**estallar la rechifla :** manifestarse las risas

**riesgo :** peligro □ **...ausencia :** sacando ventaja de mi deserción

**resentido :** hombre rencoroso □ **...bajeza :** liberar sus bajos instintos □ **hasta que :** hasta el momento en que

**a salvo :** fuera de peligro


**felicidad :** un hombre o una mujer feliz

**acercaba... junto a :** aproximaba... a □ **acera :** por donde andan los peatones □ **pusieran** < poner

**vi** < ver ; noté □ **el rostro :** la cara

**esbozo de una despedida :** cosa que evocaba casi el adiós

**cariñosa :** con cariño, con afecto □ **auxiliada :** ayudada

**regalarme :** darme ; el regalo □ **un par de :** dos

**todavía :** aún actualmente

**remordimiento** < remorder ; me remuerde la conciencia

**montaraz :** como en un bosque ; silvestre

pompa ni ceremonia. En mi espíritu había grandes reservas de heroísmo sin empleo, mientras el autobús se alejaba vacío de aquella asamblea dispersa y fortuita que consagró mi reputación de caballero.

**sin empleo :** no utilizado □ **mientras :** cuando
**vacío :** sin pasajeros □ **dispersa :** diseminada □ **consagró :** acreditó,
afirmó

# Grammaire au fil des nouvelles

*Traduisez les phrases suivantes inspirées du texte (le premier chiffre renvoie aux pages, les suivants aux lignes) :*

**La dame qui était debout me remercia avec effusion** (36,4 et 7).

**En me proposant la place, la dame eut une expression de soulagement** (*al* + infinitif + pronom ; *tener*. 36,9.10).

**Une autre femme monta dans l'autobus** (suppression de l'article indéfini ; préposition. 36,14).

**Je m'empressai de me lever devant la nouvelle venue** (infinitif + pronom. *Recién* : invariable. 36,19.20).

**J'eus l'idée d'abandonner le véhicule dans l'espoir que les choses en resteraient là** (c. de t. 36,28.29.30).

**Quelques messieurs qui voyageaient debout sourirent** (*sonreír* : modèle *pedir*. 38,5).

**Une dame avec deux jeunes enfants dut courir pour monter dans l'autobus** (obligation : *tener que* + infinitif. 38,12.16).

**Elle n'arrivait pas à ouvrir son grand sac à main** (*lograr* transitif ; apocope de *grande*. 38,17).

**Je fis tout mon possible pour l'aider et la dame fut bel et bien installée** (*quedar* + participe passé. 38,20).

**Je regrettai l'absence d'une épée à mon côté** (*echar de menos*. 38,28).

**Je ne descendis pas pour ne pas décevoir celles qui m'avaient confié leur sécurité** ("celui qui", "celle qui" ; préposition devant complément d'objet direct représentant des personnes. 40,8).

**Je n'étais pas tranquille au sujet de ma réputation** (*estar*. 40,13).

**Un homme aigri pourrait profiter de la situation** (*aprovechar* transitif. 40,16).

**Je décidai de ne pas courir un tel risque** (*decidir* transitif ; pas d'article devant *tal*. 40,16.17).

**Je voulus descendre sans pompe ni cérémonie** (passé simple de *querer*. 40,16 et 42,1).

**Tandis que l'autobus s'éloignait, je vis sur chaque visage comme l'ébauche d'un adieu** (40,25.26 et 42,2).

# Julio Cortázar
(Argentino 1914-1984)

# CONTINUIDAD
# DE LOS PARQUES

Julio Cortázar nació en Bruselas en 1914, siendo su padre diplomático argentino en aquella ciudad. Aprendió castellano a los cuatro años, al llegar a Buenos Aires.

Durante años tuvo una actividad docente, primero como maestro, luego como profesor hasta que, por desavenencias con el peronismo, tuvo que expatriarse.

La disconformidad con cualquier atropello a la libertad es lo que define la personalidad de Cortázar, quien combatió tanto las dictaduras como los tópicos o clichés de la vida cotidiana. Gran defensor de la democracia participó en el Tribunal Russell y se inspiró en la actualidad para varios cuentos : "Apocalipsis de Solentiname" sobre la Nicaragua de Somoza y "Otra Vez" sobre la Argentina de Videla en *Alguien que anda por ahí* (1977).

También cuestionó la realidad más anónima al emprender el viaje, que iba a durar un mes, por la autopista París-Marsella : "tenemos la intención de escribir paralelamente al viaje un libro que contaría en forma literaria, poética y humorística las etapas, acontecimientos y experiencias diversas que sin duda nos ofrecerá tan extraña expedición" (*Los Autonautas de la cosmopista*, 1983).

La lista de los cuentos de Cortázar es impresionante ; citaremos tan sólo *Bestiario* (1951), *Las Armas secretas* (1959), *El Octaedro* (1971). El cuento "Continuidad de los Parques", sacado de *Final del juego* (1956), juega con la realidad y la ilusión novelesca : ¿ quién existe más ? : ¿ el lector que está leyendo o lo que lee ?

Había empezado a leer la novela unos días antes. La abandonó por negocios urgentes, volvió a abrirla cuando regresaba en tren a la finca; se dejaba interesar lentamente por la trama, por el dibujo de los personajes. Esa tarde, después de escribir una carta a su apoderado y discutir con el mayordomo una cuestión de aparcerías, volvió al libro en la tranquilidad del estudio que miraba hacia el parque de los robles. Arrellanado en su sillón favorito, de espaldas a la puerta que lo hubiera molestado como una irritante
10 posibilidad de intrusiones, dejó que su mano izquierda acariciara una y otra vez el terciopelo verde y se puso a leer los últimos capítulos. Su memoria retenía sin esfuerzo los nombres y las imágenes de los protagonistas; la ilusión novelesca lo ganó casi en seguida. Gozaba del placer casi perverso de irse desgajando línea a línea de lo que lo rodeaba, y sentir a la vez que su cabeza descansaba cómodamente en el terciopelo del alto respaldo, que los cigarrillos seguían al alcance de la mano, que más allá de los ventanales danzaba el aire del atardecer bajo los robles.
20 Palabra a palabra, absorbido por la sórdida disyuntiva de los héroes, dejándose ir hacia las imágenes que se concertaban y adquirían color y movimiento, fue testigo del último encuentro en la cabaña del monte. Primero entraba la mujer, recelosa; ahora llegaba el amante, lastimada la cara por el chicotazo de una rama. Admirablemente restañaba ella la sangre con sus besos, pero él rechazaba las caricias, no había venido para repetir las ceremonias de una pasión secreta, protegida por un mundo de hojas secas y senderos furtivos. El puñal se entibiaba contra su pecho, y
30 debajo latía la libertad agazapada. Un diálogo anhelante corría por las páginas como un arroyo de serpientes, y se sentía que todo estaba decidido desde siempre. Hasta esas

46

**novela** : obra literaria, de trama inventada y cierta dimensión ≠
*nouvelle* = cuento, relato ; el novelista escribe obras novelescas
**regresaba** : volvía □ **finca** : terreno inmenso con casas del mismo
propietario, Arg. : estancia □ **dibujo** : aquí perfil
**su apoderado** : tiene poderes para representarlo
**mayordomo** : administrador □ **aparcerías** : contratos entre propietario y aparceros que trabajan las tierras
**robles** : *chênes* □ **arrellanado** : cómodamente sentado □ **de espaldas
a...** : con la puerta detrás de él. No quería admitir la posibilidad de
que alguien entrara e interrumpiera su lectura
**acariciara** < acariciar : tocar suavemente □ **terciopelo** : tejido muy
suave y suntuoso

**en seguida** : inmediatamente □ **gozaba del placer** : saboreaba con
delicia □ **desgajando** < desgajarse : separarse, alejarse □ **lo que lo
rodeaba** : todo lo que estaba alrededor suyo
**respaldo** : parte del sillón donde se apoya la espalda
**seguían al alcance** : resultaba fácil coger los cigarrillos
**ventanales** : ventanas grandes □ **atardecer** : caída de la tarde
**disyuntiva** : alternativa. Aquí más bien decisión, elección
**imágenes** < imagen : representación de la imaginación
**fue testigo** : presenció. En un tribunal el testigo declara lo que ha
visto □ **encuentro** : reunión, cita □ **monte** : bosque
**receloso, a** : que no tiene confianza ; desconfiado, a
**...rama** : su cara llevaba las huellas del golpe que había recibido
**restañaba la sangre** : impedía que la sangre corriera □ **rechazaba**
≠ aceptaba □ **las caricias** > acariciar, p. 46, l. 11

**sendero** : camino □ **puñal** : cuchillo (arma) □ **se entibiaba** : se
calentaba □ **latía** : como el corazón □ **agazapada** : escondida □
**anhelante** : de respiración fatigosa □ **arroyo** : río ⊠ <u>las</u> serpientes
reptan por el suelo

caricias que enredaban el cuerpo del amante como queriendo retenerlo y disuadirlo, dibujaban abominablemente la figura de otro cuerpo que era necesario destruir. Nada había sido olvidado : coartadas, azares, posibles errores. A partir de esa hora cada instante tenía su empleo minuciosamente atribuido. El doble repaso despiadado se interrumpía apenas para que una mano acariciara una mejilla. Empezaba a anochecer.

Sin mirarse ya, atados rígidamente a la tarea que los
10 esperaba, se separaron en la puerta de la cabaña. Ella debía seguir por la senda que iba al norte. Desde la senda opuesta él se volvió un instante para verla correr con el pelo suelto. Corrió a su vez, parapetándose en los árboles y los setos, hasta distinguir en la bruma malva del crepúsculo la alameda que llevaba a la casa. Los perros no debían ladrar, y no ladraron. El mayordomo no estaría a esa hora, y no estaba. Subió los tres peldaños del porche y entró. Desde la sangre galopando en sus oídos le llegaban las palabras de la mujer : primero una sala azul, después una galería, una
20 escalera alfombrada. En lo alto, dos puertas. Nadie en la primera habitación, nadie en la segunda. La puerta del salón, y entonces el puñal en la mano, la luz de los ventanales, el alto respaldo de un sillón de terciopelo verde, la cabeza del hombre en el sillón leyendo una novela.

**enredaban:** aquí, envolvían ; una planta enredadera

**coartada :** prueba que da el acusado de que tal día no pudo cometer el crimen
**el repaso :** examinaron otra vez su futura conducta □ **despiadado, a :** cruel, sin compasión
**mejilla :** pómulo, al lado de la boca □ **anochecer :** hacerse de noche
**atados :** como esclavos □ **tarea :** trabajo, deber

**senda :** sendero □ **iba** < ir □ **opuesto, a** < oponer
**el pelo suelto :** los cabellos sin atar
**setos :** plantas que crecen, espesas, para cercar un jardín
**malva :** más claro que el color violeta
**alameda :** paseo con árboles □ **los perros ladran,** los gatos maúllan
**los peldaños** forman una escalera
**la sangre** corre pos las venas □ **los oídos** y los ojos nos permiten oir y ver
**alfombrado, a :** cubierto de una alfombra (de lana por ej) □ **en lo alto :** arriba □ **habitación :** sala, cuarto

**leyendo** < leer

# Grammaire au fil des nouvelles

*Traduisez les phrases suivantes inspirées du texte (le premier chiffre renvoie aux pages, les suivants aux lignes):*

**Après avoir écrit** une lettre, il s'installa confortablement dans un fauteuil de velours vert (46,5).

Il avait abandonné sa lecture *pour* des affaires urgentes (échange: "pour" = *por*. 46,2).

Des intrus (*intrusos*) auraient pu le déranger (conditionnel ou imp. subj. de *haber*. 46,9).

Il jouissait du plaisir de se détacher *peu à peu* de ce qui l'entourait (*ir* + gérondif. 46,14).

Ses cigarettes *étaient toujours* à portée de sa main (*seguir*. 46,18).

Il *fut* le témoin de la dernière rencontre (*ser*. 46,22).

L'homme arrivait, *le visage blessé* (participe passé avant le nom. 46,24).

Tout *était* décidé depuis toujours (*estar* + participe passé. 46,32).

Ils interrompaient leur dialogue pour *laisser* une main caresser une joue (*para que* + subj.; c. de t. 48,7).

La nuit tombe (48,8).

Il se retourna pour *la voir* courir les cheveux au vent (infinitif + pronom; *con* + description. 48,12).

L'administrateur ne *devait* pas être présent (supposition: conditionnel. 48,16).

*Personne* ne se trouvait dans la chambre (pronom indéfini sans autre négation devant le verbe *estar*. 48,20).

*Rien* n'avait été oublié (48,4).

L'homme était *en train de* lire un roman (*estar* + gérondif. 48,24).

## Ana María Matute

(Española)

# LOS ALAMBRADORES

Entre las escritoras de la España contemporánea destaca Ana María Matute, quien ha escrito páginas de honda sensibilidad sobre la niñez: son entrañables esos niños desamparados de *Los Niños tontos* (1956), poemas en prosa que apenas rebasan un folio.

La autora, nacida en 1926 en Barcelona, obtuvo el Premio Nadal (tan importante en España como el Goncourt en Francia) en 1959, con su obra *Primera Memoria*.

Se había dado a conocer con dos novelas: *Los Abel* (1948) y *Fiesta al Noroeste* (1953). En esta última obra enfocaba la vida de un muchacho feo, cabezón, sensible, tierno, en un mundo de incomprensión.

Los cuentos de Ana María Matute son conmovedores. Citemos *El Tiempo*, que reúne 13 de ellos (1963) e *Historias de la Artámila*, de donde procede el cuento que hemos elegido.

El niño de "Los Alambradores" es testigo de la actitud de rechazo que adopta la gente llena de prejuicios. Aquí los campesinos se encarnizan contra unos gitanos, víctimas tradicionales del "racismo" en España.

El cuento produce honda impresión pues el niño inocente demuestra a las claras, con sus reflexiones sencillas, la injusticia que reina en la sociedad.

Aunque Ana María Matute es catalana, se expresa en un castellano muy puro, y su estilo es tan claro que animará a los principiantes.

Llegaron al pueblo apenas amaneció la primavera. Hacía un tiempo más bien frío, con largos ciclos grises sobre la tierra húmeda. El deshielo se retrasaba y el sol se hacía pegajoso, adhesivo a la piel, a través de la niebla. Los del campo andaban de mal humor, blasfemando. Seguramente no se les presentaban bien las cosas de la tierra : yo sabía que era así, cuando les oía y les veía de aquella forma. Mi abuelo me tenía prohibido llegarme al pueblo cuando notaba estas cosas en el aire —porque decía que en el aire
10 se notaban—. Y aún, también, me lo prohibía en otras ocasiones, sin explicar el porqué. El caso es que en este tiempo, y de prohibido, me hallaba yo en la puerta de la herrería de Halcón, cuando por la carretera apareció el carro, entre la neblina.

—Cómicos— dijo el herrero Halcón, hurgándose en un diente con el dedo meñique.

Halcón era muy amigo mío, entre otras razones porque le llevaba de escondidas tabaco del abuelo. Estaba sentado a su puerta, rebuscando el sol primerizo y comiéndose un
20 trozo de pan frotado con ajo y aliñado con un aceite espeso y verde.

—¿ Qué cómicos ?— dije yo.

Halcón señaló con la punta de su navaja el carro que aparecía entre la niebla. Su toldo, como una vela, blanqueaba extrañamente : parecía un barco fantasmal que avanzara por el río gris y pedregoso de la carretera, aún con escarcha en las cunetas.

Ciertamente eran cómicos. No tuvieron mucha suerte en el pueblo —el mejor para ellos era el tiempo de invierno,
30 cuando las faenas del campo habían terminado, o la plena primavera, ya avanzada y verdecida—, pues en aquellos días no estaba nadie de humor para funciones, metido cada

52

**...primavera :** al despuntar el primer día de la primavera

**grises** < gris

**deshielo :** época en que el hielo vuelve a ser agua □ **se retrasaba :** venía tarde □ **pegajoso** < pegar □ **niebla :** bruma espesa

**andaban blasfemando :** blasfemaban en cualquier sitio y momento

**...presentaban :** no se presentaban bien para ellos


**me tenía prohibido** ⊠ me había prohibido □ **llegarme :** acercarme

**(él) notaba :** sentía, advertía

**y aún :** incluso

**el porqué :** la causa □ **el caso es que :** la realidad es que...

**de prohibido :** p. 52, l. 8, con esa prohibición □ **me hallaba :** me encontraba □ **herrería :** donde se machaca hierro; fragua □ **Halcón :** ave de presa y apodo del herrero □ **carro :** carreta □ **neblina :** bruma ligera □ **cómicos :** actores □ **hurgándose :** limpiándose □ **el dedo meñique :** el más pequeño de la mano


**de escondidas :** disimuladamente; esconder : ocultar □ **del abuelo :** del padre de mi padre o de mi madre □ **primerizo :** nuevo

**trozo :** pedazo □ **ajo :** *ail* □ **aliñado :** condimentado □ **aceite...** seguramente de oliva


**señaló :** mostró □ **navaja :** cuchillo

**toldo :** lona que protege el carro □ **la vela...** de un barco

**extrañamente** < extraño, curioso, raro

**avanzara :** imp. subj. para la eventualidad □ **pedregoso** < piedra

**escarcha :** hielo □ **cunetas :** a cada lado de la carretera reciben el agua de la lluvia □ **suerte :** fortuna, ventura


**faenas del campo :** labranza, trilla, siega, etc...

**pues :** porque

**...funciones :** nadie tenía ganas de ir al teatro

cual en su faena. Sólo yo, el secretario y su familia —mujer y cinco muchachos—, el ama del cura y las criadas del abuelo, que me llevaron con ellas, acudimos a la primera de las funciones. A la tercera noche, los cómicos se fueron por donde habían venido.

Pero no todos. Dos de ellos se quedaron en el pueblo. Un viejo y un muchachito, de nueve o diez años. Los dos muy morenos, muy sucios, con la carne extrañamente seca, como las estacas bajo el sol, en agosto. « Tienen la carne sin
10 unto », oí que decía de ellos Feliciana Moreno, la jornalera más vieja de los Fuensanta, que fue a la tienda a por aceite. Acababan de pasar los cómicos, que compraron cien gramos de aceitunas negras, para comer con pan del que llevaban en el zurrón. Luego les vi sentarse en la plaza, junto a la fuente, y masticar despacio, mirando a lo lejos. Los dos con la mirada de los caminos.

—Son gitanos— dijo Halcón, pocos días después, en que pude escaparme de nuevo—. ¿Sabes tú, criatura? Son gitanos : una mala raza. Sólo de verles la frente y las palmas
20 de las manos se les adivina el diablo.

—¿ Por qué?— pregunté.

—Porque sí— contestó.

Fui a echar una ojeada al pueblo, en busca de los gitanos, y les vi sentados en los porches. El niño voceaba algo :

—¡ Alambradoreees !— decía.

Por la noche, mientras cenaba aburridamente en la gran mesa del comedor, con el abuelo, oí ruidos en la cocina y se me despertó la curiosidad. Apenas terminé de comer, besé al abuelo y fingí subir a acostarme. Pero, muy al
30 contrario, bajé a la cocina, donde Elisa, la cocinera, y las criadas, junto con el mandadero Lucas el Gallo, se reían de los alambradores, que allí se estaban. El viejo contaba algo,

**cada cual** : cada uno
**el ama del cura** : la señora que atendía al cura □ **criada** : sirvienta
**acudimos** : fuimos


**se quedaron** < quedarse ≠ irse


**sucios** ≠ limpios ; la suciedad ≠ la limpieza ; ensuciar ≠ limpiar
**estacas** : palos que forman una barrera, una estacada
**unto** : grasa □ **jornalero, a** : obrero, a, del campo ; jornal : paga
diaria □ **a por aceite** : a comprar aceite
**acababan de** : hacía poco que... ☐ **cien gramos** ; ciento diez gramos
con **aceitunas** se hace el aceite
**zurrón** : bolsa grande y rústica □ **junto a** : al lado de □ sale el agua
de **la fuente** □ **despacio** : lentamente □ **a lo lejos** : a distancia
**la mirada** < mirar


**sólo de verles** : basta con verles □ **la frente** ☒ el frente militar
**se les adivina** : uno adivina en ellos...


**porque sí** : es así, sin más explicaciones
**fui (yo) a echar una ojeada** : fui a mirar, a echar un vistazo
**porches** : soportales ; arcos, columnas de una plaza □ **voceaba** :
gritaba □ el **alambrador** o estañador repara cacerolas con estaño
las 3 comidas : desayuno, almuerzo, cena □ **aburridamente** <
aburrirse : no saber cómo pasarse el tiempo ☒ **gran** mesa
**se me despertó** : se despertó en mí...
**fingí subir a acostarme** : hice como que subía a dormir
**cocina** : donde se preparan las comidas
**mandadero** : el que hace compras y recados para casa
**se estaban** < estarse : estar en un sitio temporalmente

55

sentado junto a la lumbre, y el niño miraba con sus ojos negros, como dos agujeros muy profundos, el arroz que le servía Elisa en una escudilla de barro. Me acerqué silenciosamente, pegándome a la pared como yo sabía, para que nadie se fijara en mí. Elisa vertió salsa de tomate de la que quedaba en una sartén sobre el arroz blanco de la escudilla. Luego, alcanzó un vasito chato de color verde, muy hermoso, y lo llenó de vino. El vino se levantó de un golpe, dentro del vaso, hasta rebosar. Cayeron unas gotas
10 en la mesa y la madera las chupó, como con sed. Elisa le dio una cuchara de madera al niño, y se volvió, con las manos en jarras, a escuchar al viejo. Una sonrisa muy grande le llenaba la cara. Sólo entonces puse atención en sus palabras :

—... y me dije : se acabó la vida de perro. Éste y yo nos quedamos, para arraigar en el pueblo. El padre de éste, a lo primero, dijo que no. Pero a la larga le he convencido. Yo, lo que dije : el oficio se lo enseño al muchacho, que un oficio es lo que se necesita *pa* vivir *asentao*. Y él lo pensó :
20 « bueno, abuelo : lo que *usté* diga. Ya volveremos *pa* el invierno, a ver qué tal les pinta a *ustés*... » Yo quiero hacer del chico un hombre, ¿ saben *ustés* ? No un perro de camino. No es buena esa vida : se sale ladrón, o algo peor, por los caminos... Aquí, se *asienta* uno. Yo quiero a mi nieto *asentao*. Que se case, que le nazcan hijos en el pueblo... Pasan los años sin sentir, ¿ saben *ustés* ?

No era verdad lo que dijo Halcón : no eran gitanos. Porque no hablaban como los gitanos ni sabían cantar. Pero hablaban también de un modo raro, diferente, que a
30 lo primero de todo no se entendía mucho. Me senté y apoyé los codos en las rodillas, para escuchar a gusto. Lucas el Gallo se burló del viejo :

**lumbre :** fuego producido con carbón o leña

**agujeros :** como si no hubiera nada en lugar de los ojos □ **arroz :** *riz* □ **...barro :** plato tosco, rústico de cerámica

**pegándome :** arrimándome, rozando ☑ **la pared...**

**en mí :** para que nadie me descubriera □ **vertió** < verter : echar la **sartén** sirve para freír

**alcanzó :** tomó □ **vasito chato :** vaso pequeñísimo

**rebosar :** salir del vaso, desbordar □ **cayeron** < caer

**chupó :** tragó, absorbió ☑ **la sed** del que necesita beber ; sediento, a □ **se volvió :** dio media vuelta

**manos en jarras :** manos en las caderas ☑ **se volvió** a **escuchar** al **viejo**

**puse atención :** yo me fijé en... (poner)

**se acabó :** terminó ☑ **éste :** designa al niño ☑ **y** yo

**arraigar** < raíz ; las raíces de un árbol

**a lo primero :** al principio

**lo que dije :** yo dije lo siguiente □ **oficio :** técnica □ **que :** porque

**"pa" :** para □ **"asentao" :** sedentario, instalado

**lo que "usté" diga :** s.e. : se cumplirá su voluntad

**qué tal les pinta :** cómo les va, a ver si les va bien

**"ustés" :** Ustedes

**se sale ladrón :** uno se convierte en ladrón (el que roba) □ **peor** ≠ mejor □ **se asienta uno :** se instala uno, se arraiga uno

**...asentao :** quiero verlo asentado □ **que se case :** que tome mujer □ **nazcan** < nacer ; el nacimiento

**raro, a :** extraño, a

**no se entendía :** no se comprendía

**...rodillas :** ...como un pensador

**se burló :** se rió ; burlarse, reírse, mofarse

—Será gobernador el chico, si se queda de alambrador en el pueblo. Lo menos gobernador...

Las criadas se reían, pero el viejo parecía no enterarse. Y si se enteraba no hacía caso, porque seguía diciendo que quería « asentarse » en el pueblo y que todos les respetaran.

—Lo único que pide uno : que le den trabajo, sin molestar a nadie. Que uno se salga a la vida con su trabajo de uno...

El niño arrebañaba el fondo de la escudilla, cuando el
10 viejo le dio ligeramente con el cayado en los riñones. El niño saltó como un rayo, limpiándose la boca con el revés de la mano.

—Arrea, Caramelo— le dijo el viejo. Y las criadas se rieron también, al saber que el chico se llamaba Caramelo.

Les dieron dos calderos y una sartén para arreglar. El viejo dijo :

—Como nuevos, mañana.

Cuando se fueron, Elisa fingió descubrir mi presencia y
20 se santiguó :

—¡ A estas horas andan las golondrinas sueltas... ! ¡ A estas horas ! ¡ Como el rayo, a la cama, o bajará el amo atronándonos !

Yo subí tal como ella dijo, a zambullirme en las sábanas.

Al día siguiente los alambradores trajeron todos los cacharros. Y era verdad que estaban como nuevos : yo les pasé los dedos por las soldaduras. Y, además, los habían pulido : brillaban como oro. Elisa les pagó y les dio comida,
30 otra vez.

—¿ Y cómo anda el trabajo ?— les preguntó—. ¿ Hay muchos clientes en el pueblo ?

**gobernador :** el que gobernaba una provincia □ **si se queda de :** si se queda aquí con el oficio de... □ **lo menos :** *au moins*
**enterarse :** darse cuenta
**no hacía caso :** no le importaba ⊠ **diciendo** < decir
⊠ **quería que todos le respetaran** (c. de t.)


**...den :** uno (como yo) quiere que la gente le dé...
**que uno se salga :** que uno viva decentemente □ **su...de uno :** redundancia □ **arrebañaba :** cogía lo que quedaba en...
**le dio con :** le tocó □ **cayado :** bastón tosco □ **riñones** < riñón (segrega la orina) □ **como un rayo :** tan rápido como el relámpago


**arrea** < arrear : estimular a las caballerías ; aquí : "vamos"


**caramelo :** *bonbon*
**caldero :** recipiente que colgaba en la chimenea


**como nuevos :** estarán como nuevos
**fingió descubrir :** hizo como que descubría...
**se santiguó :** hizo la señal de la cruz
**golondrina :** pájaro que anuncia la primavera □ **suelto, a :** en libertad
**como el rayo :** vete corriendo □ **amo :** el que manda en casa
**atronándonos :** gritando fuerte como el trueno
**zambullirme :** meterme en la cama como en el mar
**las sábanas** de la cama solían ser blancas
⊠ **al día siguiente** □ **trajeron** < traer (traje, trajiste, trajo...)
**cacharros :** utensilios
**soldadura :** parte arreglada con estaño ; soldar
**pulir :** hacer brillar

—Ninguno— dijo el viejo—. Bueno : ya llegarán...

—¿ Dónde dormisteis ?

El viejo fingió no oír su última pregunta y se salió de allí, con el niño. Cuando no podían oírla, Elisa dijo con el aire triste y grande que ponía para hablar de los hombres que fueron a la guerra, de las tormentas, de los niños muertos :

—No encontraron trabajo, no encontrarán. En el pueblo no caen bien los forasteros, cuando son pobres.

10    Eso me dolió. Y dos días después, que me escapé a la herrería, le dije a Halcón, para tranquilizarme :

—¿ Por qué no encuentran trabajo los alambradores ? Dice Elisa que lo hacen muy bien.

Halcón escupió en el suelo y los ojos le relampaguearon.

—¡ Qué saben los gurriatos de las cosas de los hombres ! ¡ A callar, los que no saben !

—Dime por qué, Halcón, y así sabré.

—Porque son gitanos. Son mala raza de gitanos ladrones
20 y asesinos. En este pueblo de Santa Magdalena y de San Roque, con nuestra reliquia en el altar del Santo, no caben razas del diablo. Nadie les dará nada. Porque yo te digo, y verás cómo acierto : ésos harán una picardía gorda y los tendremos que echar.

—Puede que no...— dije. Me acordaba de la espalda del chico Caramelo, con sus huesecillos como alones, al través de la ropa, y lo sentía.

—Será, será. Ya verás tú, inocente, como será.

A los alambradores los vi por la calle de las Dueñas,
30 golpeando una lata con una piedra y gritando :

—¡ Alambradoreees !— a través de la neblina dulce de la mañana.

**ninguno** ☒ ningún cliente ☐ **ya llegarán** : llegarán un día
**dormisteis** : habéis dormido los dos (dormí, dormiste, durmió...)


**tormentas** : vientos y lluvias que pueden ocasionar desastres

**no encontraron** en el pasado ☒ **no encontrar**án en el futuro
**no caen bien los forasteros** : no se acòge bien a los que vienen de
otra provincia ☐ **eso me dolió** : eso me afligió (do<u>l</u>er)


**escupió** < escupir : expulsar saliva ☒ **los ojos <u>le</u>**...y no "sus ojos"
**relampaguearon** : produjeron relámpagos, destellos
**gurriatos** : pollos de gorrión
**a callar, los que...** : que callen los que...
**sabré** (sabrás, sabrá, sabremos, sabréis, sabrán) < saber
**raza** > racismo ; ☒ raci<u>sta</u>
**asesinos ;** asesinar ; el acto : asesinato ☐ **San Roque, San Pedro**, etc.
**el altar del Santo** : donde se celebra misa ☐ **no caben** : no tienen
sitio ; no hay sitio para...
**acierto** : tengo razón (ac<u>e</u>rtar) ☐ **picardía gorda** : acto que perjudica
mucho a los demás ☐ **los tendremos que echar** o tendremos que
echarlos del pueblo ☐ **puede que** : es posible que ☐ **me acordaba**
**de** : recordaba ☐ **huesecillos** < huesos ☐ **alones** < alas de ave
**la ropa** : la camisa, etc. ☐ **lo sentía** : sufría, me dolía
**será** : sucederá, ocurrirá ☐ **ya verás** : seguro que lo verás
☒ **a los alambradores <u>los</u> vi** (complemento = personas)
**lata...** como las de sardinas
**neblina** : niebla ligera
**la mañana** ≠ la tarde ☒ **mañana** : el día siguiente

Luego, al mediodía, entraron en la tienda, y pidieron aceite de fiado.

—No se fía— les dijeron.

Salieron en silencio, otra vez, hacia la fuente. Les vi cómo bebían agua y enfilaban luego hacia la calle del Osario, gritando :

—¡ Alambradoreees !

Oírles me dejaba una cosa ácida en el paladar, y le pedí a Elisa :

10 —Busca todos los cacharros viejos que tengas, para que los arreglen los alambradores...

—Criatura : todos los arreglaron. Los que lo necesitaban y los que no. ¿ Qué puedo yo hacer ?

Nada. Nada podía hacer nadie. Estaba visto. Porque a la tarde del domingo, estando yo en los porches curioseando entre los burros y los carritos de los quincalleros (entre cintas de seda, relojitos de hojalata, anillos con retratos de soldados a todo color, puntillas blancas, piezas de pana marrón, peines azules y alfileres de colores), oí la algarabía
20 y salí a la carretera.

Dos mujeres y una pandilla de chiquitos perseguían, gritando, vociferando, a los alambradores. Había en la tarde, que ya se presentaba cálida y con sol, una extraña polvareda azul, un revoloteo de plumas negras, unas piedras lanzadas con furia, como palabras, hacia aquella espalda de huesecillos como alones.

—¡ La peste, la peste de gentuza ! ¡ Me robaron a la *Negrita* ! ¡ Me la robó el golfo del pequeño, a mi *Negrita* ! ¡ La llevaba escondida debajo de la chaqueta, a mi
30 *Negrita*... !

La *Negrita* cacareaba, a medio desplumar, con sus ojos redondos de color de trigo, envuelta en el delantal de la

**pidieron** < pedir (pedí, pediste, pidió, pedimos, pedisteis...)
**de fiado :** con la intención de pagar más tarde
**no se fía :** no se vende a crédito ☒ 2 traducciones de *on*
**(yo) les vi**
**enfilaban :** se dirigían ☐ **luego :** después


**paladar :** en la parte interior de la boca ☒ **pedí** (y no "pregunté",
porque se trata de una orden)
**cacharros :** recipientes ☒ **...que tengas :** en lugar del futuro francés
(eventualidad) ☐ **para que los arreglen,** que los reparen
**criatura :** niño ☐ **ellos los arreglaron todos**


**nada podía hacer nadie :** nada es complemento, nadie sujeto ☐
**estaba visto :** era evidente ☐ **a la tarde :** por la tarde ☐ **curioseando**
< curiosear < curioso, a ☐ **burros :** asnos
**cintas :** para atar ☐ **hojalata :** *fer blanc*
**puntillas :** adornan el camisón ; encaje con forma de ondas
**alfiler :** como el que se pone en la corbata ☐ **algarabía :** ruido,
alboroto ☐ **salí a... :** me encontré en...
**pandilla :** grupo ☐ **chiquitos :** chiquillos, niños pequeños
☒ **perseguían a los alambradores**


**polvareda** < polvo ☐ **revoloteo** < vuelo


**huesecillos** < huesos ; el niño es muy flaco
**gentuza :** gente despreciable
**el golfo del pequeño :** el niño malo, el pícaro
**escondido, a** < esconder, encubrir ; hacer las cosas a escondidas


**cacareaba :** la *Negrita* era una gallina
con **trigo** se hace pan ☐ el **delantal** protege el vestido

Baltasara. Los chiquillos recogían piedras de la cuneta, con un gozo muy grande. A uno, que llamaban el Buque, al inclinarse al suelo a por un canto muy grande, le caía un hilo de babilla por la boca abierta.

Corrí, para verles cómo se iban: de prisa, con un trotecillo menudo, arrimándose a la roca (como yo a la pared, cuando no quería que se me viera). El chaval se volvió dos veces, con sus ojos negros, como agujeros muy hondos. Luego, traspusieron el recodo, a todo correr.
10 Caramelo llevaba los brazos levantados por encima de la cabeza y la espalda temblando, como un pájaro en invierno.

en **el gozo** cabe más alegría que en el goce □ **el Buque :** barco grande
**canto :** piedra □ cuando ese niño se inclinaba **le caía** agua de la
boca □ **abierto, a** < abrir
**de prisa :** rápidamente
**trotecillo menudo :** trotando con las piernas poco abiertas
**no quería que se me viera,** o que me vieran (c. de t.) □ **chaval :** niño

**traspusieron :** desaparecieron detrás del... (trasponer) □ **recodo :**
curva ∅ **por encima de...**
**temblando** < temblar

# Grammaire au fil des nouvelles

*Traduisez les phrases suivantes inspirées du texte (le premier chiffre renvoie aux pages, les suivants aux lignes) :*

**Il faisait *plutôt* froid lorsque les gitans arrivèrent au printemps** (52,2).

**Mon grand-père *m'avait interdit, une fois pour toutes*, de m'approcher du village** (*tener* + participe passé : insistance ; *prohibir* transitif. 52,8).

**Le "Faucon" était un grand ami pour moi** (52,17).

**Il était assis, en train de manger un quignon de pain** (52,18.19).

**La charrette *ressemblait* à un bateau qui *avancerait* dans la brume** (*parecer* transitif ; imp. subj. à la place du conditionnel. 52,25).

***Chacun* était occupé à ses affaires** (*cada cual* ou *cada uno*. 54,1).

***Rien qu'*à voir leur tête *on* devine qui ils sont** (54,19).

**Je dînais dans la salle à manger lorsque j'entendis des bruits qui venaient de la cuisine** (54,27).

**Je fis semblant de *monter me coucher*** (*subir a* ; infinitif + pronom. 54,29).

**Je m'approchai et me mis contre le mur pour que personne ne remarque ma présence** (*acercarse* : orthographe ; c. de t. 56,5).

**Elle se retourna, *les mains sur les hanches*** (*con* + description. 56,11.12).

***La seule chose* qu'*on demande* : avoir du travail** (*pedir* ; "on" : *uno*. 58,7).

***On leur* donna deux chaudrons** ("on" : 3ᵉ p. du pluriel. 58,16).

***Le lendemain* je vis que les chaudrons *étaient* comme neufs** (apparence : *estar*. 58,26.27).

***Il n'y a pas de place* pour les voleurs ici** (*no* + verbe *caber* dont le sujet sera "voleurs". 60,21).

***Personne* ne leur donnera *rien*** (60,22).

**Donne-leur tous les ustensiles *que tu auras*** (subj. à la place du futur français. 62,10).

**Le voleur, c'est *ce voyou d'*enfant** (62,28).

**La poule était *à moitié déplumée*** (*estar* + *a medio* + infinitif. 62,31).

**Ils s'en allèrent *à toute vitesse*** (64,9).

# José Donoso
## (Chileno)

# « CHINA »

José Donoso nació en Santiago de Chile en 1924, en el seno de una familia de médicos y abogados. Tanto sus estudios universitarios como su actividad inicial de profesor de literatura se reparten entre su país natal y Estados Unidos. A raíz del golpe del General Pinochet conoció la difícil condición del creador latinoamericano exiliado; regresó a su patria diez años después, en 1983.

En su obra coexisten libros de relatos cortos (*Cuentos,* 1971; *Tres Novelitas burguesas,* 1973) y novelas (*Coronación,* 1958; *El Obsceno Pájaro de la noche,* 1970; *Casa de campo,* 1978). Esta última, la más famosa, se caracteriza por su profunda originalidad: su ámbito mítico y simbólico.

Generalmente la obra de José Donoso se centra en la gran burguesía chilena, poniendo de realce su decadencia. Cierto escepticismo le lleva a buscar escapes hacia el mundo de la infancia. "China" muestra la familiaridad del autor con la psicología de los niños, y un sentido agudo y nostálgico del tiempo.

Se nota también aquí la preocupación por la escritura, que no ha de sorprendernos en quien declaró en una entrevista: "Escribo hasta ocho versiones de una novela." También precisó al periodista: "La literatura es una gran metáfora del mundo. Cuando los escritores hablamos de literatura, hablamos de política, de sociedad, moral, del hombre en general."

Por un lado el muro gris de la Universidad. Enfrente, la agitación maloliente de las cocinerías alterna con la tranquilidad de las tiendas de libros de segunda mano y con el bullicio de los establecimientos donde hombres sudorosos horman y planchan, entre estallidos de vapor. Más allá, hacia el fin de la primera cuadra, las casas retroceden y la acera se ensancha. Al caer la noche, es la parte más agitada de la calle. Todo un mundo se arremolina en torno a los puestos de fruta. Las naranjas de tez áspera y las verdes
10 manzanas pulidas y duras como el esmalte, cambian de color bajo los letreros de neón, rojos y azules. Abismos de oscuridad o de luz caen entre los rostros que se aglomeran alrededor del charlatán vociferante, engalanado con una serpiente viva. En invierno raídas bufandas escarlatas embozan los rostros, revelando sólo el brillo torvo o confiado, perspicaz o bovino, que en los ojos señala a cada ser distinto. Uno que otro tranvía avanza por la angosta calzada, agitando todo con su estruendosa senectud mecánica. En un balcón de segundo piso aparece una mujer
20 gruesa envuelta en un batón listado. Sopla sobre un brasero, y las chispas vuelan como la cola de un cometa. Por unos instantes, el rostro de la mujer es claro y caliente y absorto.

Como todas las calles, ésta también es pública. Para mí, sin embargo, no siempre lo fue. Por largos años mantuve el convencimiento de que yo era el único ser extraño que tenía derecho a aventurarse entre las luces y sus sombras.

Cuando pequeño, vivía yo en una calle cercana, pero de muy distinto sello. Allí los tilos, los faroles dobles, de forma
30 caprichosa, la calzada poco concurrida y las fachadas serias hablaban de un mundo enteramente distinto. Una tarde, sin embargo, acompañé a mi madre a la otra calle. Se trataba

**maloliente :** que huele mal < oler □ **cocinerías :** puestos de comida
**tiendas :** establecimientos comerciales □ **de segunda mano :** poseído
antes por otra persona □ **bullicio :** tumulto □ **sudorosos** por el calor
**horman :** dan buen aspecto a la ropa □ **estallido :** ruido debido a
la presión □ **cuadra :** casas contiguas
**... se ensancha :** los peatones tienen más espacio para andar
**se arremolina :** se aglomera en desorden □ **en torno a**
**puesto :** tienda (l. 3) en la calle o el mercado □ **tez :** la piel
**manzana :** fruta que comió Eva en el Paraíso □ **esmalte :** *émail*
**letreros de neón :** anuncios luminosos
**los rostros :** las caras
**charlatán :** *camelot* □ **engalanado :** adornado ☑ **una serpiente**
**raídas :** estropeadas por el uso □ **bufandas :** de lana protegen contra
el frío □ **embozan :** cubren □ **torvo :** amenazador
**señala a cada ser :** permite distinguir a cada persona
**uno que otro :** pasa de vez en cuando □ **angosta :** estrecha
**estruendosa :** ruidosa □ **senectud** ≠ juventud


**batón** < bata, vestido cómodo para estar en casa □ **listado :** a rayas
**las chispas** salen brillantes del fuego ☑ **un cometa ;** una cometa sería
un juguete que vuela por el cielo


**ésta :** esta calle □ **para mí** (acento en los pronombres)
**... lo fue :** s.e. pública □ **por largos años :** durante...
**... el convencimiento :** estuve seguro de que... □ **ser extraño :** persona de fuera □ **las luces** < la luz ≠ la sombra
**cercana :** no muy lejos
**sello :** clase □ **tilo :** árbol ; su flor sirve para infusiones
**... caprichosa :** los faroles alumbran la calle □ **poco concurrida :** con
poca gente □ **serias :** graves
**sin embargo** (l. 25): *cependant, pourtant*

de encontrar unos cubiertos. Sospechábamos que una empleada los había sustraído, para llevarlos luego a cierta casa de empeños allí situada. Era invierno y había llovido. Al fondo de las bocacalles se divisaban restos de luz acuosa, y sobre unos techos cerníanse aún las nubes en vagos manchones parduscos. La calzada estaba húmeda, y las cabelleras de las mujeres se apegaban, lacias, a sus mejillas. Oscurecía.

Al entrar por la calle, un tranvía vino sobre nosotros con
10 estrépito. Busqué refugio cerca de mi madre, junto a una vitrina llena de hojas de música. En una de ellas, dentro de un óvalo, una muchachita rubia sonreía. Le pedí a mi madre que me comprara esa hoja, pero no prestó atención y seguimos camino. Yo llevaba los ojos muy abiertos. Hubiera querido no solamente mirar todos los rostros que pasaban junto a mí, sino tocarlos, olerlos, tan maravillosamente distintos me parecían. Muchas personas llevaban paquetes, bolsas, canastos y toda suerte de objetos seductores y misteriosos. En la aglomeración, un obrero
20 cargado de un colchón desarregló el sombrero de mi madre. Ella rió, diciendo :

—¡ Por Dios, esto es como en la China !

Seguimos calle abajo. Era difícil eludir los charcos en la acera resquebrajada. Al pasar frente a una cocinería, descubrí que su olor mezclado al olor del impermeable de mi madre era grato. Se me antojaba poseer cuanto mostraban las vitrinas. Ella se horrorizaba, pues decía que todo era ordinario o de segunda mano. Cientos de floreros de vidrio empavonado, con medallones de banderas y
30 flores. Alcancías de yeso en forma de gato, pintadas de magenta y plata. Frascos llenos de bolitas multicolores. Sartas de tarjetas postales y trompos. Pero sobre todo me

**cubiertos** : cucharas, tenedores, aquí seguramente de plata
**los había sustraído** : manera de decir que los había robado
**... empeños** : ahí se da dinero a cambio de objetos depositados
**bocacalle** : entrada de una calle □ **se divisaban** : se veían
**... las nubes** : seguían amenazando aún después de la lluvia
**manchones** < mancha : *tache* + <u>ón</u> □ **pardusco** < pardo, gris
**se apegaban** : se pegaban como con cola □ **lacias** ≠ rizadas

**al entrar por la calle** : cuando entró por la calle
**estrépito** : ruido muy fuerte ☑ **cerca <u>de</u> ; junto <u>a</u>**
**hojas** : aquí de papel ; se dice también hojas de árboles
**pedí,** pediste, pidió... < pedir + que + imp. subj. (c. de t.)

**seguimos camino** : derecho, sin pararnos
**hubiera querido** (yo) ☑ **no solamente ... sino** (l. 16)
**tocarlos** : con los dedos □ **olerlos** : con la nariz □ **tan... me parecían** :
porque me parecían... diferentes
**canastos** : se hacen trenzando el mimbre ; cestos
**un obrero** trabaja en una fábrica ; aquí debe de llevar en la cabeza
**un colchón** de lana para una cama □ **desarregló... madre** : dio con
el sombrero, que casi cayó al suelo

**calle abajo** : bajando la calle □ **charcos** : agua detenida en los hoyos
de la calle □ **resquebrajada** : abierta, agrietada por el tráfico, el
hielo...
**grato** : agradable □ **se me antojaba... cuanto** : quería tener todo lo
que...
**ordinario** : grosero □ **florero** : vaso para flores
**empavonado** : endurecido □ **bandera** : la de Francia es tricolor
**alcancía** : donde los niños guardan su dinerito □ **yeso** : *plâtre*
**magenta** : color rojo □ **frascos** : botellitas de boca estrecha
**sartas** : como las perlas de un collar □ **trompo** : *toupie*

sedujo una tienda tranquila y limpia, sobre cuya puerta se leía en un cartel « Zurcidor Japonés ».

No recuerdo lo que sucedió con el asunto de los cubiertos. Pero el hecho es que esta calle quedó marcada en mi memoria como algo fascinante, distinto. Era la libertad, la aventura. Lejos de ella, mi vida se desarrollaba simple en el orden de sus horas. El « Zurcidor Japonés », por mucho que yo deseara, jamás remendaría mis ropas. Lo harían pequeñas monjitas almidonadas de ágiles dedos. En casa,
10 por las tardes, me desesperaba pensando en « China », nombre con que bauticé esa calle. Existía, claro está, otra China. La de las ilustraciones de los cuentos de Calleja, la de las aventuras de Pinocho. Pero ahora esa China no era importante.

Un domingo por la mañana tuve un disgusto con mi madre. A manera de venganza fui al escritorio y estudié largamente un plano de la ciudad que colgaba de la muralla. Después del almuerzo mis padres habían salido, y las empleadas tomaban el sol primaveral en el último patio.
20 Propuse a Fernando, mi hermano menor :

—¿ Vamos a « China » ?

Sus ojos brillaron. Creyó que íbamos a jugar, como tantas veces, a hacer viajes en la escalera de tijera tendida bajo el naranjo, o quizás a disfrazarnos de orientales.

—Como salieron —dijo—, podemos robarnos cosas del cajón de mamá.

—No, tonto —susurré—, esta vez vamos a *ir* a « China ».

Fernando vestía mameluco azulino y sandalias blancas.
30 Lo tomé cuidadosamente de la mano y nos dirigimos a la calle con que yo soñaba. Caminamos al sol. Íbamos a « China », había que mostrarle el mundo, pero sobre todo

sedujo < seducir □ **sobre cuya puerta :** la puerta de la tienda
**el cartel** anuncia que el Japonés remienda (l. 8) la ropa
**sucedió :** pasó □ se dice Ministro de **Asuntos** Exteriores
**el hecho es que :** la realidad es que
**era la libertad** ☑ con un sustantivo, verbo ser
**se desarrollaba :** transcurría
**por mucho que** + subj. : aunque yo lo deseara mucho
**remendaría :** cosería mis camisas o pantalones rotos
**monjitas almidonadas :** monjas de los conventos, con su hábito
almidonado
**bauticé** < bautizar □ **claro está :** afirma una evidencia
**la de :** s.e. China
**Pinocho :** los niños del mundo entero conocen el famoso muñeco
del Italiano Collodi
**tuve un disgusto con :** me peleé con mi madre
**escritorio :** el cuarto donde uno escribe, lee...
**un plano** sirve para orientarse ; un plan es un proyecto
**almuerzo :** comida que se toma al mediodía
**tomaban el sol :** se exponían al sol □ **primavera,** verano, otoño,
invierno □ **propuse** < proponer □ **menor** ≠ mayor

**creyó (él)** < creer : creí, creíste, creyó, creímos, creyeron...
**escalera de tijera :** *échelle pliante*
**disfrazarnos de :** ponernos trajes de habitantes de la China
**como salieron** (los padres), complicidad de los niños
**el cajón :** uno de los cajones de la cómoda de mamá
**tonto :** bobo, el que no sabe □ **esta vez :** hoy es diferente

**mameluco** (A.L.) : traje de una pieza para obreros o niñitos
**lo tomé de la mano**
**la calle con que soñaba :** en la que pensaba día y noche
**había que :** era necesario mostrarle

era necesario cuidar de los niños pequeños. A medida que nos acercamos, mi corazón latió más aprisa. Reflexionaba que afortunadamente era domingo por la tarde. Había poco tránsito, y no se corría peligro al cruzar de una acera a otra.

Por fin alcanzamos la primera cuadra de mi calle.

—Aquí es —dije, y sentí que mi hermano se apretaba a mi cuerpo.

Lo primero que me extrañó fue no ver letreros luminosos, ni azules, ni rojos, ni verdes. Había imaginado que en esta calle mágica era siempre de noche. Al continuar, observé que todas las tiendas habían cerrado. Ni tranvías amarillos corrían. Una terrible desolación me fue invadiendo. El sol era tibio, tiñendo casas y calles de un suave color de miel. Todo era claro. Circulaba muy poca gente, ésta a paso lento y con las manos vacías, igual que nosotros.

Fernando preguntó :

—¿ Y por qué es « China » aquí ?

Me sentí perdido. De pronto, no supe cómo contentarlo. Vi decaer mi prestigio ante él, y sin una inmediata ocurrencia genial, mi hermano jamás volvería a creer en mí.

—Vamos al « Zurcidor Japonés » —dije—. Ahí sí que es « China ».

Tenía pocas esperanzas de que esto lo convenciera. Pero Fernando, quien comenzaba a leer, sin duda lograría deletrear el gran cartel desteñido que colgaba sobre la tienda. Quizás esto aumentara su fe. Desde la acera de enfrente, deletreó con perfección. Dije entonces :

—Ves, tonto, tú no creías.

—Pero es feo —respondió con un mohín.

Las lágrimas estaban a punto de llenar mis ojos, si no

**cuidar de :** tomar las precauciones necesarias □ **a medida que**
**... más :** *plus... plus* □ **... más aprisa :** se aceleró el ritmo de mi
corazón □ **afortunadamente :** por suerte
**...tránsito :** circulaban pocos coches □ **peligro :** riesgo

**alcanzamos :** llegamos a
**se apretaba :** el hermanito buscaba protección

**me extrañó :** me sorprendió.

**era siempre de noche** ☒ <u>ser</u> de día, <u>ser</u> de noche
**ni tranvías :** y no corrían tranvías ; tampoco corrían...
**me fue invadiendo :** me penetró poco a poco
**tibio :** calentaba, pero poco □ **tiñendo** < te<u>ñir</u> : *teindre*
☒ **ésta con acento :** pronombre ; esta poca gente circulaba...
☒ **con no hay preposición en francés** □ **igual que :** como

**¿por qué es...?** ¿por qué se llama...?
**de pronto :** de repente □ **supe,** supiste, supo... < saber
**decaer** < caer : yo iba a perder parte de mi prestigio
**ocurrencia :** idea que surge en el momento oportuno
☒ **mí** pronombre con el acento ≠ <u>mi</u> hermano (l. 21)
**dije,** dijiste, dijo... < decir ☒ **sí que,** afirmación vehemente

**...** ☒ **de que** + imp. subj. (c. de t.)
**quien :** explicativo □ **lograría :** sería capaz de, podría
**deletrear :** como los que aprenden a leer □ **desteñido :** que pierde
los colores □ **quizás** + subj. □ **fe :** confianza

**ves** < ver : te das cuenta
**feo** ≠ hermoso □ **mohín :** decepción visible en la cara
**... mis ojos :** sentí que iba a llorar

sucedía algo importante, rápida, inmediatamente. ¿Pero qué podía suceder? En la calle casi desierta, hasta las tiendas habían tendido párpados sobre sus vitrinas. Hacía un calor lento y agradable.

—No seas tonto. Atravesemos para que veas —lo animé, más por ganar tiempo que por otra razón. En esos instantes odiaba a mi hermano, pues el fracaso total era cosa de segundos.

Permanecimos detenidos ante la cortina metálica del
10 «Zurcidor Japonés». Como la melena de Lucrecia, la nueva empleada del comedor, la cortina era una dura perfección de ondas. Había una portezuela en ella, y pensé que quizás ésta interesara a mi hermano. Sólo atiné a decirle :

—Mira... —y hacer que la tocara.

Se sintió un ruido en el interior. Atemorizados, nos quitamos de enfrente, observando cómo la portezuela se abría. Salió un hombre pequeño y enjuto, amarillo, de ojos tirantes, que luego echó cerrojo a la puerta. Nos quedamos
20 apretujados junto a un farol, mirándole fijamente el rostro. Pasó a lo largo y nos sonrió. Lo seguimos con la vista hasta que dobló por la calle próxima.

Enmudecimos. Sólo cuando pasó un vendedor de algodón de dulce salimos de nuestro ensueño. Yo, que tenía un peso, y además estaba sintiendo gran afecto hacia mi hermano por haber logrado lucirme ante él, compré dos porciones y le ofrecí la maravillosa sustancia rosada. Ensimismado, me agradeció con la cabeza y volvimos a casa lentamente. Nadie había notado nuestra ausencia. Al llegar
30 Fernando tomó el volumen de «Pinocho en la China» y se puso a deletrear cuidadosamente.

Los años pasaron. «China» fue durante largo tiempo

76

**rápida** : forma femenina del adjetivo + s.e. mente ; rápidamente

**qué** : interrogativo, con acento □ **hasta** : *même, jusqu'à*

las cortinas de las **tiendas** cerradas son como los **párpados** de los ojos del que duerme ; es una comparación poética

**atravesemos,** imperativo : crucemos la calle □ **animé** : incité

**por ganar tiempo** ⊠ aquí **por** no es causal, equivale a para

**odiaba** : aborrecía □ **pues** : porque □ **fracaso** : la derrota □ **era cosa de** : era cuestión de

**permanecimos detenidos** : quedamos inmóviles □ **cortina** : cierre metálico de las tiendas □ **melena** : pelo largo suelto

**empleada** : sirvienta □ **comedor** : pieza donde se come □ la cortina tenía **ondas,** como el pelo ondulado □ **portezuela** : puerta pequeña

**ésta** : esta puerta □ **sólo atiné a** : solamente acerté a, pude < poder

**hacer que** + subj. : obtener que □ **tocar,** con la mano

**se sintió** : se oyó < oír □ **atemorizados** : llenos de temor

**nos quitamos de** : nos apartamos hacia un lado □ **cómo** : acento de la interrogación indirecta □ **enjuto** : seco □ **ojos tirantes** : rasgados

**echó cerrojo** : cerró con una barra de hierro

**apretujados** : muy apretados el uno contra el otro

**pasó a lo largo** : pasó cerca de los niños

**dobló por** : cambió de dirección, entrando en la otra calle

**enmudecimos** : callamos, nos quedamos sin hablar

**algodón de dulce** : *barbe à papa* □ **...ensueño** : despiertan los niños que estaban como dormidos □ **peso** : moneda ⊠ **hacia** : por

**por** + inf. : porque había obtenido □ **lucirme** : brillar


**ensimismado** : pensativo □ **me agradeció** : él me dio las gracias

**había notado** : se había dado cuenta de

**volumen** : libro

**... cuidadosamente** : haciendo esfuerzos para leer bien

como el forro de color brillante en un abrigo oscuro. Solía volver con la imaginación. Pero poco a poco comencé a olvidar, a sentir temor sin razones, temor de fracasar allí en alguna forma. Más tarde, cuando el Pinocho dejó de interesarme, nuestro profesor de boxeo nos llevaba a un teatro en el interior de la calle : debíamos aprender a golpearnos no sólo con dureza, sino con técnica. Era la edad de los pantalones largos recién estrenados y de los primeros cigarrillos. Pero esta parte de la calle no era « China ».
10 Además, « China » estaba casi olvidada. Ahora era mucho más importante consultar en el « Diccionario Enciclopédico » de papá las palabras que en el colegio los grandes murmuraban entre risas.

Más tarde ingresé a la Universidad. Compré gafas de marco oscuro.

En esa época, cuando comprendí que no cuidarse mayormente del largo del cabello era signo de categoría, solía volver a esa calle. Pero ya no era mi calle. Ya no era « China », aunque nada en ella había cambiado. Iba a las
20 tiendas de libros viejos, en busca de volúmenes que prestigiaran mi biblioteca y mi intelecto. No veía caer la tarde sobre los montones de fruta en los kioscos, y las vitrinas, con sus emperifollados maniquíes de cera, bien podían no haber existido. Me interesaban sólo los polvorientos estantes llenos de libros. O la silueta famosa de algún hombre de letras que hurgaba entre ellos, silencioso y privado. « China » había desaparecido. No recuerdo haber mirado ni una sola vez en toda esta época el letrero del « Zurcidor Japonés ».
30 Más tarde salí del país por varios años. Un día, a mi vuelta, pregunté a mi hermano, quien era a la sazón estudiante en la Universidad, dónde se podía adquirir un

78

**forro :** tela interior de un vestido ☐ **solía :** acostumbraba

**fracasar :** frustrarse algo, salir mal
**en alguna forma :** en alguna manera
**boxeo :** deporte de combate (boxear, boxeador)

⊘ **no sólo... <u>sino</u>**
**recién :** apocope de recientemente ☐ **estrenados :** puestos por primera vez; también, estrenar una comedia, el estreno ☐ **cigarrillos :** con o sin filtro se venden en paquetes de veinte ☐ <u>estaba</u> olvidada ☐ **era importante** ⊘ consultar <u>en</u>
**papá :** ¡cuidado con el acento! el Papa está en Roma

**ingresé <u>a</u> :** entré <u>en</u> ☐ **gafas :** anteojos para ver mejor ; si son gafas de sol, son negras ☐ **marco :** montura, aquí oscura, para parecer más severo ☐ **cuidarse <u>de</u> :** preocuparse <u>por</u>
**mayormente :** especialmente ☐ **... categoría :** el llevar el pelo más bien largo señalaba a la juventud intelectual
**aunque** + indicativo : verdaderamente la calle no cambiaba
**en busca de :** para buscar
**prestigiaran :** dieran prestigio ; imp. subj. = eventualidad
**kiosco,** o quiosco : donde se venden periódicos, flores
**emperifollados :** con muchos adornos ⊘ **maniquí** ☐ **cera :** de las abejas ⊘ **bien podían :** valor particular : *auraient bien pu*
**polvorientos :** llenos de polvo por ser viejos ☐ **estantes,** paralelos para poner los libros ☐ **hurgaba :** removía los libros para encontrar algún "tesoro" ☐ **privado :** reservado
**ni :** ni siquiera

**por varios años :** tiempo aproximado
**vuelta :** retorno ☐ **a la sazón :** entonces, en aquel tiempo
**dónde :** acento de la interrogación indirecta

libro que me interesaba muy particularmente, y que no hallaba en parte alguna. Sonriendo, Fernando me respondió:

—En « China »...

Y yo no comprendí.

**muy particularmente :** muchísimo
**hallaba :** encontraba □ **en parte alguna :** en ninguna parte □
**sonriendo** < sonreír

# Grammaire au fil des nouvelles

*Traduisez les phrases suivantes inspirées du texte (le premier chiffre renvoie aux pages, les suivants aux lignes) :*

**Quand la nuit tombe,** les gens se rassemblent autour du camelot (*al* + infinitif. 68,7.8.13).

*Au* deuxième étage, la grosse dame souffle sur un brasero (68,19).

**Pour** *moi*, cette rue n'a pas toujours été ouverte à tous (68,24.25).

**J'avais la conviction d'être le seul à avoir le droit de m'y aventurer** (*convicción de que ; derecho a, y = allí.* 68,26).

*Je demandai* à ma mère de m'acheter une tirelire (*pedir que* + subj., ici : c. de t. 70,12.30).

*J'aurais voulu* toucher tous les visages de ceux qui passaient près de moi (70,15).

**J'avais les yeux grands ouverts pour les regarder,** *tant* ils me semblaient différents (70,14.16).

*Nous continuâmes* à descendre la rue en évitant les flaques des trottoirs (70,23).

**J'avais envie** de posséder tout ce que je voyais dans les vitrines (70,26).

*Je ne me rappelle* pas ce qu'il advint des couverts volés (*recordar* non pronominal. 72,3).

*J'avais beau* le souhaiter, jamais le "Ravaudeur" aux doigts agiles ne repriserait mon linge (*por mucho que* + subj. 72,7).

**Mon petit frère** *crut* que nous allions *nous déguiser en Japonais* (72,22.24).

*Il fallait lui montrer* la rue dont je rêvais (obligation impersonnelle. 72,32).

*La première chose qui me surprit* fut de ne pas voir de tramways jaunes (74,9 et 12).

**En observant que les boutiques étaient fermées,** *je fus envahi par le désespoir* (forme active. 74,12 et 14).

*Peut-être* une idée de génie augmenterait-elle la confiance de mon frère (*quizás* + imp. subj. 74,28 et 21).

**Ne soyons pas bêtes, traversons** (76,5).

*Ce n'était plus* ma rue, et pourtant rien n'avait changé en elle (78,18.19).

## Augusto Roa Bastos

(Paraguayo)

# LA FLECHA Y LA MANZANA

Augusto Roa Bastos nació en Asunción en 1917.

Muy joven participó en la guerra del Chaco entre Paraguayos y Bolivianos (1932-1935) que hizo miles de muertos. En 1947, por motivos políticos tuvo que exiliarse. Pasó años en Buenos Aires. Vivió luego en Toulouse en cuya Universidad dio clases de Literatura y de guaraní.

A pesar de sus cuarenta años de exilio (el dictador, General Stroessner le tiene prohibido el regreso) Roa Bastos es un hombre fiel a la tierra que le dio vida y, gracias a su pluma, podemos adentrarnos en ese Paraguay tan poco conocido. Como si estuviera allí pinta los ríos, las llanuras, las selvas y a los hombres en sus dolorosos y violentos conflictos políticos y familiares.

Su obra ocupa un lugar muy original pues incorpora el tesoro lingüístico del guaraní (castellano y guaraní son las dos lenguas nacionales del Paraguay).

Entre sus libros de cuentos citaremos *El Baldío* (escrito entre 1955 y 1961 de donde procede *La Flecha y la Manzana*) y *El Trueno entre las Hojas*.

Sus dos novelas son muy conocidas : *Hijo de Hombre* (1960), amplio fresco de la vida nacional y *Yo el Supremo* (1974) cuyo protagonista es un dictador paraguayo del siglo XIX.

*La Flecha y la Manzana* alude a la situación del desterrado pero es ante todo un estudio psicológico de la niñez y un cuento cuyo final representa una variante llena de misterio de la leyenda de Guillermo Tell.

En este cuento el autor utiliza el personaje de la niña rubia, de gran magnetismo en su país.

Faltaba aún un buen rato para la cena. Sobre la mesa del living los tres chicos simulaban concluir sus deberes. Es decir, los tres no ; sólo la niña de trenzas rubias y de cara pecosa se afanaba de veras con sus lápices de colores sobre un cuaderno copiando algo de un libro. Los otros dos no hacían más que molestarla ; o al menos lo intentaban, sin éxito. Concentrada en su trabajo la pequeña dibujante no hacía el menor caso de sus hermanos. Los ignoraba por completo. Parecía sorda a sus ruidos, inmune a sus burlas,
10 insensible a los pérfidos puntapiés bajo la mesa, a las insidiosas maquinaciones. Estaba lejos de allí rodeada tal vez de altos árboles silenciosos o en alguna almena inaccesible sobre ese precipicio que le hacía palpitar de vértigo la nariz y morder el labio inferior dándole un aire absorto.

El niño de la lámina estaba ya en el papel, iba surgiendo de los trazos, pero era un niño nuevo, distinto, a medida que ella iba ocupando su lugar en la lámina, cada vez más quieta y absorta, moviéndose sólo en ese último vestigio animado
20 de la mano que hacía de puente entre la lámina y el cuaderno, entre el niño vivo y la niña muerta y renacida. Los aeroplanos de papel se estrellaban contra las afiladas puntas de los lápices sin lograr interrumpir su vaivén, sin poder evitar la transmigración.

Un alfiler rodó sobre el oscuro barniz de la mesa. Los dos hermanos se pusieron a soplar de un lado y de otro, en sentido contrario, levantando una nube de carbonilla de colores. El alfiler iba y venía en el viento de los tenaces carrillos, hinchados bajo la luz de la araña. La aguja
30 mareada, enloquecida, iba marcando distintos puntos de la lámina, sin decidirse por ninguno, pero el polvillo coloreado se estaba posando en los bordes y

**faltaba aún :** había que esperar □ **rato :** momento □ **cena**... con sopa □ **deberes :** tareas, ejercicios

**...rubias :** la niña tenía el pelo claro y trenzado como las nórdicas **pecoso, a** < **pecas :** manchas sobre la tez pálida □ **se afanaba :** se esmeraba, se empeñaba en hacer las cosas bien

**molestarla :** importunarla □ **intentaban :** era su intención □ **sin éxito :** sin resultado positivo □ **la dibujante :** aquí, sólo copiaba dibujos ; dibujar □ **no hacía el menor caso**... como si no existieran

**inmune :** insensible, estaba inmunizada □ **burlas ;** burlarse : reírse ; burlón, a □ **puntapiés :** golpes dados con el pie

**maquinaciones :** invenciones llenas de maldad □ **tal vez :** quizás. en lo alto dc una torre se perfilan las **almenas** de forma cuadrada

**vértigo :** ...como si estuviera en la almena le parecía que iba a caer

**lámina :** con modelos de dibujos □ **el papel** del cuaderno □ **iba surgiendo :** aparecía en lo que trazaba la niña

**...lámina :** la niña se creía cada vez más en el mundo del libro □ **quieto, a :** tranquilo, a □ **animado :** sólo se movía la mano que copiaba □ **hacía de :** servía de

**...renacida :** muerta para el mundo que la rodeaba, renacía en el que copiaba □ **se estrellaban :** caían

**lápices** < lápiz : sirve para dibujar o colorear □ **vaivén** < va y viene □ **transmigración :** el paso de un lugar a otro

**alfiler :** *épingle* □ **rodó** < rodar □ **barniz :** aspecto brillante **se pusieron** < ponerse

**...carbonilla :** al sacarle la punta a un lápiz cae carbonilla

al soplar se hinchan los **carrillos** (mejillas) □ **la araña** de cristal cuelga del techo □ **aguja :** *aiguille* □ **mareada :** perdía el norte □ **enloquecida :** como loca

☑ **coloreado :** de varios colores ≠ colorado : rojo

comenzaba a invadir el dibujo animándolo con una improvisada nevisca, y formando sobre la cabeza del niño algo como la sombra tornasolada de un objeto redondo. La niña continuaba impávida; parecía contar incluso con la imprevista ayuda de esa agresión, o tal vez en ese momento su exaltación no podía hacerse cargo de ella, o quizás con una astucia y paciencia que tomaban la forma del candor o de la impasibilidad, esperaba secretamente el instante del desquite.

10    Los otros dejaron de soplar. El alfiler osciló una o dos veces más y quedó muerto. Un abucheo bajito pero bastante procaz reemplazó al vendaval. Entonces la niña sopló a su vez con fuerza, un soplo corto y fulmíneo que arrancó el alfiler de la mesa y lo incrustó en el pómulo de uno de los chicos, donde quedó oscilando con la cabeza para abajo, mientras el herido gritaba de susto, no de dolor.

Desde un sofá el visitante observaba ensimismado ese mínimo episodio de la eterna lucha entre el bien y el mal, que hace una víctima de cada triunfador. Una mano se
20    apoyaba con cierta rigidez en el bastón de bambú; con la otra comenzó a rascarse lenta, suavemente, la nuca atezada que conservaba su juventud bajo los cabellos canosos. Se rascó con un dedo. Otra ligera nevisca cayó sobre los bordes del cuello del saco de gabardina, muy entallado, parecido a una guerrera.

Pasó la madre. Los gritos no cesaron con suficiente rapidez, esos gritos que traían el clamor de un campo de batalla entre el olor de un guiso casero, ruiditos de lápices y las tapas de un libro al cerrarse sobre precipicios, almenas,
30    guerreros y caballos. Los ojos grises, moteados de oro, de la niña, miraban seguros delante de sí en una especie de

**nevisca :** copos de nieve que caen

**tornasolado, a :** con reflejos brillantes

**impávido, a :** impasible □ **incluso :** también ⊠ **contar con**

**ayuda :** cooperación ; ayudar

**...de ella :** su exaltación le impedía darse cuenta de la agresión


**desquite :** revancha ; desquitarse

**dejaron de :** cesaron de

**abucheo :** burlas □ **bajito, a :** que apenas se oía

**procaz :** grosero, a □ **vendaval :** viento fuerte

**fulmíneo :** que podía fulminar como el rayo □ **arrancó :** quitó

**pómulo :** carrillo, mejilla, cf. p. 84, l. 29

la cabeza del alfiler **para abajo** y la punta en la cara

del **herido**, del chico lastimado □ **susto :** miedo

**ensimismado** < en sí mismo ; absorto


⊠ **el bastón** es elegante ; el palo es un trozo de madera

**rascarse :** con las uñas de la mano ⊠ **lenta, suavemente :** dos

adverbios □ **atezado, a :** moreno, a, tostado, a, por el sol □

**canosos :** blancos ; las canas : los cabellos blancos

⊠ **saco :** (A.L.) : chaqueta, americana □ **entallado :** ceñido al talle

**guerrera :** chaqueta de soldado


**guiso casero :** plato guisado con salsa hecho en casa

las **tapas** de cartón protegen el libro □ **al cerrarse :** cuando se

cerraron □ **guerreros** < guerra □ **moteado, a :** con manchitas

**seguro, a** > seguridad ; asegurar

sueño realizado y las aletas de la nariz habían cesado de latir.

—¡A ver, chicos, por favor! ¡Pórtense bien! ¡No respetan ni a las visitas!

—Déjelos, señora —abogó el visitante con una sonrisa de lenidad, como si él también buscara disculparse de algo que no tenía relación con los chicos y sólo le concernía a él mismo.

—¡Son insoportables! —sentenció la madre.

10    Los tres chicos eran de nuevo tres chicos, hasta en el empeño de ese dedo, de esa uña que buscaba deshollinar una nariz con riesgo de arañar un cartílago.

—Los chicos me gustan —dijo el visitante haciendo girar la caña barnizada entre los dedos y mirándola fijamente.

—No diría lo mismo si los tuviera a éstos a su lado más de un día. ¡Me tienen loca con sus diabluras! Esa chiquilina, sobre todo. Ahí donde la ve es una verdadera piel de Judas. Imagínese que ayer metió al canario en la heladera.

—Hacía mucho calor, mamá... —la uña abandonó la
20   diminuta fosa—. El canario se moría en la jaula. Abría la boca, pero no podía cantar. Además, allí el gato no lo podía alcanzar.

—¿Ve? —el rictus de la boca dio a la cara una expresión de ansiedad y desgano que ahora ya tampoco incluía a los chicos; surgía de ella, de ese vacío de años y noches que le habría crecido bajo la piel y que tal vez ya nada podía colmar, aunque ella se resistiera todavía a admitirlo. Se pasó las manos por las ampulosas caderas, por la cintura delgada, que la maternidad y la cuarentena habían acabado
30   por desafinar. —Usted ve... —dijo—. ¡No tienen remedio!
—Y luego, otra vez en dueña de casa: —José Félix está tardando. Esa bendita fábrica lo tiene esclavizado todo el

**sueño realizado:** como si se hubiera producido lo que deseaba
**latir:** palpitar
**a ver:** es una manera de llamar la atención □ **pórtense** bien: (s.e.
Vds en A.L.; portaos bien (vosotros) en Esp.) □ **...visitas:** Vds o
ellos no respetan... □ **déjelos:** (s.e. Vd.) < dejar □ **abogó:** intervino
**lenidad:** indulgencia ☑ **como si él buscara** □ **disculparse:** justificarse
con excusas

**sentenció** < sentenciar; pronunciar una sentencia; aquí pronuncia
un juicio
**empeño:** insistencia; empeñarse en □ **uña** ...del dedo □ **deshollinar:**
se comparan los mocos de la nariz con el hollín de la chimenea □
**arañar:** rasgar con la uña
**caña:** bambú □ **mirándola fijamente:** ¿mirando la caña?
**si los tuviera:** si + imp. subj. tener □ **éstos:** estos niños
**me tienen loca:** me vuelven loca; no tengo un momento de paz □
**chiquilina:** niñita □ **ahí donde la ve:** tal como la ve Vd. □ **es una
piel de Judas:** es capaz de cualquier diablura □ **imagínese:** orden
< imaginarse □ **canario:** pájaro amarillo □ **heladera:** aparato que
conserva fríos los alimentos con hielo □ **...fosa:** es decir la nariz
□ **jaula:** donde viven prisioneros los pájaros
**alcanzar:** coger
**¿Ve?:** ¿Ve Vd?
**ansiedad:** angustia □ **desgano** o desgana: falta de gana, apatía
**...vacío de años:** sus hijos no tenían la culpa de su ansiedad sino
la vida □ **crecido:** desarrollado □ **colmar el vacío:** llenarlo
☑ **aunque se resistiera:** hubiera querido no admitirlo
**ampulosas:** aquí, llaman la atención □ **caderas:** *hanches* ☑ **cintura:**
encima de las caderas □ **delgado, a** ≠ grueso, a
**desafinar:** hacer perder la armonía □ **no tienen remedio:** no puedo
con ellos □ **luego:** después □ **en dueña de casa**, no sólo madre
**bendita** (irónico): maldita □ **esclavizado** < esclavo

día. Me dijo por teléfono que iba a llegar de un momento a otro. Pero usted sabe cómo es él.

—¡Uf!, si lo conoceré... —rió el visitante; podía evidentemente juzgar al padre con la misma condescendencia que un momento antes había usado para mediar por los hijos. "Astillas de un mismo palo", tal vez pensaron esos ojos, uno de los cuales parecía más apagado que el otro, como si se hubiesen cansado desigualmente de ver el absurdo espectáculo del vivir.

10 —Pepe me contó cómo se encontraron ayer, después de tanto tiempo.

—Casi treinta años. ¡Toda una vida! O media vida, si se quiere, ya que la nuestra está irremediablemente partida por la mitad. Y luego este encuentro casual, casualísimo.

—Es que Buenos Aires es una ciudad increíble. Vivir como quien dice a la vuelta de la esquina, y no saber nada el uno del otro. Es ya el colmo, ¿no le parece?

—Es que yo en realidad salgo poco, señora, por lo que ando bastante desconectado de mis connacionales. Hemos
20 llegado a ser muchos aquí, una población casi dos veces mayor que la de la propia Asunción. No podemos frecuentarnos demasiado.

—Pero usted y Pepe fueron compañeros de armas, ¿no es así?

—De la misma promoción.

—Pepe no solía hablar mucho de usted... —una súbita pausa y el gesto de friccionarse el cuello obviaron el peligro de una indiscreción—. Y ahora está muy contento de haberlo reencontrado. También hay que decir que ustedes
30 los Paraguayos son un poco raros, ¿verdad? Nunca se puede conocerlos del todo.

El visitante rió entre los reflejos ambarinos del bastón

90

**si lo conoceré...** : ya lo creo que lo conozco □ **rió** < reir
**juzgar** : dar su opinión
**mediar** : intervenir en favor de alguien
las **astillas** son trozos de **palo** (*bâton*) : es casi el refrán : « de tal palo
tal astilla » (*tel père, tel fils*) □ **más apagado** : tenía menos luz
⊠ **como si se hubie<u>se</u>n cansado** : como si hubiesen perdido la ilusión

**Pepe** : diminutivo de José ; se trata de José Félix □ **se encontraron** :
(s.e. él y Vd.)

**partida por la mitad** : dividida en dos
**casual** : imprevisto, producido por la casualidad, el azar □
**casualísimo** : muy imprevisto
**a la vuelta de la esquina** : bastaba con torcer a la derecha o a la
izquierda □ **es ya el colmo** : es el colmo de la ironía, es ridículo
**salgo** < salir ; la salida
**ando desconectado** : vivo al margen □ **connacionales** : compatriotas
**población** : el número de mis compatriotas aquí en Buenos Aires
es dos veces mayor que en la misma capital del Paraguay
**demasiado** : aquí, mucho, tanto
**¿no es así?** : ¿no es cierto?

**no solía** : no acostumbraba < <u>soler</u>
**obviaron** : impidieron < obviar ; impedir

**de haberlo reencontrado** : o de haber<u>le</u> encontrado (s.e. a Vd.) □
**hay que** : forma impersonal + infinitivo □ **raros** : extraños
**...del todo** : totalmente
**ambarino, a** : amarillo, a, como el ámbar

que hacía oscilar delante de los ojos; el más vivo no parpadeaba, como si estuviera en constante alerta.

—Con nosotros vive ahora otro compatriota de ustedes, también desterrado. Un muchacho periodista, muy inteligente y despierto —la actitud de ansiedad y contención produjo otra pausa.

—Sí, Ibáñez me habló de él. El destierro es la ocupación casi exclusiva de los Paraguayos. A algunos les resulta muy productiva —ironizó el visitante; el chillido sordo y
10 sostenido de una boca aplastada contra la mesa, lo interrumpió.

—¡Alicia!... ¡Voy a acabar encerrándote en el baño! Y ustedes dos, al patio, ¡vamos!

Salieron como dos encapuchados.

—Usted ve. No dejan en paz un solo momento. —Y luego cambiando de voz: —Le traeré el copetín mientras tanto.

—Mejor lo espero a Ibáñez.

El tufo de alguna comida que se estaba quemando, invadió el living.
20 —Si usted me permite un momento...

—¡Por favor, señora! Atienda no más.

La dueña de casa acudió hacia la chamusquina; se la oyó refunfuñar a la cocinera entre un golpear de cacharros sacados a escape del horno y luego chirriando en el agua de la pileta.

El visitante se levantó y se aproximó a la mesa; puso una mano sobre la cabeza de la niña, que no dejó de dibujar.

—Así que te llamas Alicia.

—Sí. Pero es un nombre que a mí no me gusta.
30 —¿Y qué nombre te hubiera gustado?

—No sé. Cualquier otro. Me gustaría tener muchos nombres, uno para cada día. Tengo varios, pero no me

**no parpadeaba :** no movía los párpados (protegen los ojos)
☑ **como si estuvie<u>ra</u>**

**desterrado :** exiliado < desterrar ; el destierro, el exilio ☐ **periodista :**
el que escribe artículos en los periódicos ☐ **despierto :** listo ☐
**contención :** hecho de contenerse, refrenar los impulsos ☐ **produjo**
< producir ☐ **el destierro :** desde 1947 el Paraguay tiene un régimen
dictatorial ☐ **les resulta productiva :** sale en beneficio suyo
**chillido :** grito estridente
**sostenido :** prolongado ☐ **aplastada :** deformada por el golpe dado
contra la mesa ☐ **interrumpió** < interrumpir
**...encerrándote :** acabaré por encerrarte ☐ **baño :** cuarto de baños
**ustedes :** plural de "vos" (A.L.) = tú (Esp.) > plural : vosotros
**encapuchados :** penitentes (los de Semana Santa llevan capucha)

**le traeré (a Vd.) el copetín :** una copita ☐ **mientras tanto... :** para
beber mientras espera la llegada de mi marido ☐ **mejor (A.L.)** al
principio de la frase : es mejor que ...vale más que + subj. ☐ **tufo :**
olor ☐ **se estaba quemando**...al fuego ☐ **invadió** < invadir

**atienda no más :** fórmula de cortesía (A.L.) *faites, je vous en prie*
**acudió :** se precipitó ☐ **chamusquina :** lo quemado
**refunfuñar :** gruñir, aquí : reñir ☐ **golpear** < golpe ☐ **cacharros :**
utensilios ☐ **a escape :** aprisa ☐ **horno :** para asar alimentos ☐
**chirriando** < chirriar : producir un ruido desagradable ☐ en la
**pileta** se lavan utensilios de cocina ☐ **puso** < poner
**no dejó de :** no cesó de
**así que :** al principio de una frase : *alors...*
☑ **a mí no me gusta**
**...te hubiera gustado** o te habría gustado
**cualquier otro** o se podría decir : otro cualquiera ☑ **me gusta<u>ría</u>...**

alcanzan. Los chicos me llaman Pimpi, de Pimpinela Escarlata. Papá, cuando está enojado, me llama *Añá*, que en guaraní quiere decir diablo. En el colegio me llaman La Rueda. Pero el que más me gusta es *Luba*.

—¿Luba? —El visitante retiró la mano—. Y ese nombre, ¿qué significa?.

—Es una palabra mágica. Me la enseñó una gitana. Pero nadie me llama así. Sólo yo, cuando hablo a solas conmigo... —se quedó un instante mirando al hombre con
10 los ojos forzadamente bizcos; parecía decapitada al borde de la mesa.

El visitante sonreía.

—Y ese ojo que usted tiene, es de vidrio, ¿no?

—Sí. ¿En qué lo has notado?

—En que uno es un ojo y el otro una ventana sin nadie. Pero ya la niña estaba de nuevo absorta en su trabajo copiando otra lámina. Tal vez era la misma, pero ahora cambiada. Además del niño, con la sombra de un objeto redondo sobre la cabeza, surgía ahora la figura de un
20 hombre en un ángulo del cuaderno, con el esbozo de un arco en las manos.

El visitante se inclinó, y a través de la rampa abierta de pronto por la mano de la niña se precipitó lejos de allí, hacia un parque, en la madrugada, con los árboles oscuros y esfumados por la llovizna, hacia dos hombres que se batían haciendo entrechocar y resplandecer los sables, que no habían cesado de batirse y que ahora, a lo largo de los años, ya no sabían qué hacer de la antigua furia tan envejecida y aquiescente como ellos. Por la ventana ve a dos chicos que
30 disparan sus flechas sobre un pájaro disecado puesto como blanco sobre el césped. Contempla sus sombras moviéndose contra la blanca pared. Con un leve chasquido, que no

**no me alcanzan :** no me bastan □ **Pimpinela Escarlata :** apodo del
que salvaba a los aristócratas de la guillotina (1792) en la novela
de la Baronesa Orczy (1905)
**La Rueda** da vueltas ; no se sabe por dónde cogerla
**Luba :** deformación de loba : *louve*

**me la enseñó :** ...y yo la aprendí ⊠ enseñar, aprender
**hablo a solas conmigo :** cuando nadie me puede escuchar

**forzadamente bizcos :** escruta tanto al visitante que los ojos
bizquean pero no es una niña bizca

**notado :** observado ; notar, echar de ver, advertir
la **ventana** permite que la luz penetre en la casa □ **sin nadie :** (s.e. :
sin nadie que mire)
**tal vez :** quizás, acaso

**redondo, a :** formando círculo □ **surgía :** aparecía ⊠ **figura :** silueta
**esbozo :** dibujo sin detalles

**rampa** (gal.) : la mano abierta recuerda una barandilla de escalera
**de pronto :** de repente
**parque...** con árboles □ **madrugada :** primeras horas del día
**esfumados :** en parte borrados □ **llovizna :** lluvia poco fuerte
el **sable** es un arma blanca

**envejecido** < envejecer < viejo, a
**aquiescente :** (aquí) que consiente en hacer las paces
**disparan :** lanzan □ **disecado :** muerto pero tan bien arreglado que
parece vivo ⊠ **el blanco :** allí llegará la flecha □ **césped :** hierba del
jardín

se escucha pero que se ve en la vibración del chasquido, las flechas se clavan en abanico sobre ese pájaro ecuatorial que va emergiendo de las reverberaciones. A cada chasquido gira un poco, da un saltito sobre el césped, pesado para volar por esa cola de flechas que va emplumando bajo el sol. Y otra vez, los hombres, a lo lejos. Uno de ellos se lleva la mano a la cara ensangrentada, al ojo vaciado por la punta del sable del adversario, al ojo que cuelga del nervio en la repentina oscuridad.

10     Sonó el timbre, pero en seguida la puerta se abrió y entró el dueño de casa buscando con los ojos a su alrededor, buscando afianzarse en una atmósfera de la que evidentemente había perdido el dominio hacía mucho tiempo, pero que aún le daba la ilusión de dominio. El otro tardó un poco en reponerse y acudió a su encuentro. La niña miraba en dirección al padre, enfurruñada sobre el dibujo que la mano del visitante había estrujado como una garra. Luego atravesó con la punta del lápiz al arrugado niño de la manzana. Esa manzana que un rato después la pequeña Luba ofrecerá

20 a los hermanos que estarán flechando el limonero del patio sin errar una sola vez las frutitas amarillas, y les dirá con el candor de siempre y la nariz palpitante:

—A que no son capaces de darle a ésta a veinte pasos.

—Bah, ¿qué problema? Es más grande que un limón.

—Y a ésos los estamos clavando desde más lejos —añadirá el más chico.

—Pero yo digo sobre la cabeza de uno de ustedes —dirá ella mirando a lo lejos delante de sí.

—Por qué no —dirá el mayor tomándole la manzana y

30 pasándola al otro—. Primero vos, después yo.

El más chico se plantará en medio del patio con la manzana sobre la coronilla. El otro apuntará sin apuro y

**chasquido :** ruido que hace la flecha al dispararse

**en abanico :** en círculo (un abanico sirve para darse aire)

**va emergiendo :** emerge poco a poco < emerger

**gira :** como una rueda □ **saltito** < salto ; saltar

**pesado, a** ≠ ligero, a □ **por :** por causa de □ **va emplumando :** las flechas clavadas forman como plumas

**ensangrentada :** con sangre

**vaciado :** sacado ; vaciar ; vacío, a

**cuelga** < colgar ; aquí, fuera de la órbita, en el vacío □ **repentino, a :** brusco, a ; de repente... ⊠ **timbre :** sonido que anuncia al recién llegado □ **en seguida :** inmediatamente □ **a su alrededor :** en torno suyo □ **afianzarse :** sentirse más seguro

**dominio :** dominación

**aún :** todavía

**reponerse :** tranquilizarse, dominarse ⊠ **en dirección a...**

**enfurruñado, a :** enfadado, a, malhumorado, a

**estrujado :** apretado como con **garra** de león □ **atravesó** < a través de □ **arrugado, a :** estrujado, a


**limonero :** árbol que da el limón, fruta amarilla de sabor áspero

**sin errar :** acertaban, daban en el blanco ; cf. p. 94, l. 30


⊠ **a que :** (s.e. : apuesto a que) *je parie que* □ **...de darle a ésta :** no pueden clavarle la flecha a esta manzana ⊠ **es más grande que...**

**a ésos :** a esos limones

**añadirá :** dirá además

**uno de vds.** (A.L.) : uno de vosotros (Esp.)

⊠ **delante de sí** (de sí misma)

⊠ **tomándole** (pronombre indirecto)

⊠ **pasándola** (pronombre directo) □ **Vos** (A.L.) : tú (Esp.)


**coronilla :** lo alto de la cabeza □ **apuntará :** dirigirá la flecha □ **sin**

amagará varias veces el tiro como si quisiera hacer rabiar a la hermana. En los ojos de Luba se ve que la flecha sale silbando y se incrusta no en la manzana sino en un alarido, se ve la sombra del más chico retorciéndose contra la cegadora blancura de la tapia. Pero ella no tiene apuro, mirará sin pestañear el punto rojo que oscilará sobre la cabeza del más chico, parado bajo el sol, esperando.

1959

**apuro :** sin prisa □ **amagará :** fingirá apuntar con la flecha

□ **no...sino** □ **alarido :** grito agudo
**retorciéndose** < reto<u>r</u>cerse...de dolor
**cegador, a :** que ciega, que quita la vista ; cicgo, a □ **tapia :** de piedra
o tierra, cierra el jardín □ **apuro** (A.L.) : prisa □ **pestañear :** mover
las pestañas, al borde de los ojos □ **parado, a** (A.L.) : de pie

# Grammaire au fil des nouvelles

*Traduisez les phrases suivantes inspirées du texte (le premier chiffre renvoie aux pages, les suivants aux lignes) :*

Ses frères *ne* faisaient *que la déranger* (84,5).

Elle ne leur prêtait pas *la moindre* attention (84,8).

Elle *les* ignorait complètement (pronom direct pluriel. 84,8).

Les avions *en* papier ne *réussissaient pas à* interrompre le travail de la fillette (*lograr* : transitif. 84,22 et 23).

Une poussière de couleur *se déposait sur* les bords du dessin (*estar* + gérondif. 84,32).

L'aiguille parcourait les points du dessin et ne se décidait *pour aucun* (84,30).

La fillette restait tranquille et paraissait *même* compter *sur* cette agression (86,4).

Il passa *lentement, doucement* sa main sur sa nuque (deux adverbes à la suite ; évitez le possessif. 86,21).

*Laissez-les,* Madame (impératif 3e personne de politesse + pronom direct masculin pluriel ; attention à l'accent. 58,5).

Il parla *comme si lui* aussi *cherchait* une excuse ("lui", sujet ; *como si* + imp. subj. 88,6).

J'aime les enfants (construction de *gustar.* 88,13).

Vous ne *diriez* pas la même chose *si vous aviez ceux-ci* constamment près de vous (conditionnel dans la principale et imp. subj. après *si.* 88,15).

*Imaginez-vous* un peu ce qu'elle est capable de faire (impératif ; "vous" de politesse ; pronom réfléchi. 88,18).

Son angoisse n'était pas *non plus* centrée sur ses enfants (*tampoco* sans autre négation devant le verbe. 88,24).

Elle était triste *même si* elle se refusait à l'admettre (*aunque* + subj. et, ici, c. de t. : imp. subj. 88,27).

Cette maudite usine le tient en esclavage (*tener* + participe passé : résultat et insistance. 88,32).

Elle regarda ces yeux *dont l'un* paraissait moins vif que l'autre (90,7).

Quel nom aurais-tu *aimé* ? — *N'importe quel* autre (*gustar* : construction ; apocope de *cualquiera.* 92,30.31).

*Je parie* que vous n'êtes pas capables de tirer dans la pomme (96,23).

Elle imagine que la flèche s'incruste *non* dans la pomme *mais* dans la chair (98,2 et 3).

*Arturo Uslar Pietri*

(Venezolano)

# EL BAILE DE TAMBOR

Nacido en Caracas en 1906, Arturo Uslar Pietri es uno de los polígrafos más prestigiosos y fecundos del Continente. Cultiva todos los géneros literarios : poesía, cuento, novela, ensayo, teatro, crítica y hasta vulgarización de cuestiones económicas. En las obras de imaginación encontramos tanto temas de antiguo origen (*Barrabás*, 1928) como páginas de la Historia de su país (*Las Lanzas coloradas*, 1930 ; *El Camino de El Dorado*, 1947). Pero lo mejor de sí mismo lo ha dado en los admirables cuentos donde se expresa el alma venezolana, como en *Treinta Hombres y sus sombras* de donde procede *El Baile de Tambor*.

Arturo Uslar Pietri se expresa también a través de las pantallas de televisión en famosas charlas semanales tituladas "Valores humanos", y en la prensa como periodista de "El Nacional", diario que llegó a dirigir. Ha creado y presidido un partido político ; fue Ministro de Educación, delegado permanente en la UNESCO. La vida pública de este candidato a la Presidencia de la República es inseparable del desarrollo de la vida democrática de su país.

Arturo Uslar Pietri suele destacar la mutua influencia que tuvieron el Español, el indígena y el negro traído por el comercio de esclavos (150 000 negros al final del período colonial, mulatos, zambos y 400 000 "pardos"). Nuestro cuento se sitúa en la región de Caucagua, cerca de la Costa del Caribe, sinónima de tierra del negro y del tambor. Ahí, en los bailes de San Juan repiquetean, a través de los cacaotales, los tambores venidos de Guinea, acompañando un baile endiablado y sensual. El pobre desertor Hilario no supo resistir a la tentación y lo pagará con la terrible "pela", la paliza mortal cuyo ritmo se confunde con el de la fiesta...

Lo tiraron sobre los ladrillos del calabozo y cerraron la puerta. Todo estaba oscuro. Los ladrillos estaban frescos y sentía como un alivio de estar tendido sobre ellos. De estar tranquilo y quieto. De dejarse resbalar al sueño sin sobresalto.

Los pesados pasos del comisario se alejaban. Eran los pasos de Ño Gaspar, aquel zambo cuadrado como un saco de cacao, con sus alpargatas blancas, su blusa desabotonada al cuello y el pecho cruzado por el tahalí de seda amarilla del sable cola de gallo.

Al calabozo entraba el son de los tambores, el sacudido ritmo infinito e inalterable, la "curbeta" clara y el "mina" ronco y se adivinaban en la sombra los ecos de los pies de los negros batiendo el polvo de la plaza.

De los espesos samanes colgaban algunos faroles humeantes que rayaban en la oscuridad con rayas de luz las caras sudorosas de los negros.

Allí lo había encontrado Ño Gaspar. Se había ido acercando poco a poco, lentamente, temerosamente, pegado al borde de una pared, oculto detrás de un árbol, lejos de los faroles. Pero los pies se le sacudían al ritmo y entre dientes machacaba la gangosa canción. Empezó a bailar solo. Y después, sin saber cómo, bailaba con aquella negra encendida en la sombra en ojos y en risa y en olor.

—Soledad, guá, los dos bailando.

—Hilario, guá, ya volviste.

Pero allí mismo o poco después o mucho más tarde se le llegó Ño Gaspar. No necesitaba verlo para saber que era él. Le conocía la voz, le conocía el paso, le sentía venir. Sabía que tenía que venir.

—Guá, Hilario. Yo sabía que ibas a venir solito. Que ibas a caer mansito. Cuando salieron las comisiones a buscarte

**lo tiraron :** lo hicieron caer □ **calabozo :** celda oscura de la cárcel
**ladrillos :** se emplean para recubrir suelos
**...ellos :** casi respiraba con calma, con el cuerpo en el suelo
**quieto :** inmóvil □ **resbalar al sueño :** como se resbala con los esquís
**sobresalto :** movimiento brusco
**se alejaban :** iban lejos
**Ño** < Señor (popular) □ **zambo :** hijo de negro e india □ **cuadrado :**
de forma cuadrangular □ **alpargatas :** zapatillas de lona
**...tahalí :** la tira de la que cuelga el sable le cruza el pecho
**sable cola de gallo :** designa el machete cuya extremidad curva tiene
forma de cola de gallo
**la curbeta** o curbata : tambor guía ; lleva un ritmo fijo □ **el mina :**
tambor muy grande en el que improvisa el ejecutante. Esos
tambores son de origen africano
**el samán** es parecido al cedro del Líbano □ los **faroles** dan luz a
la plaza □ **humeantes** < humo
**sudorosas :** llenas de sudor
**...Ño Gaspar :** sujeto al final de la frase □ **se había ido acercando :**
el sujeto es él, el protagonista □ **temerosamente :** con temor, con
miedo □ **pegado a la pared :** tocando la pared □ **oculto :** sin dejarse
ver, escondido ⊠ **se le... :** se evita el posesivo "sus" en español
**machacaba :** repetía pesadamente □ **gangoso, a :** con resonancia
nasal □ **bailar :** danzar ; el baile ; el bailarín
**encendida en ojos... :** había fuego en sus ojos... ; encender el fuego
≠ apagar el fuego □ **Soledad :** nombre de pila de la negra y
substantivo < solo □ **guá :** interjección que expresa sorpresa □
**ya volviste :** has vuelto por fin < volver □ **se le llegó :** vino hacia
él, Ño Gaspar se le acercó

**tenía que venir :** era evidente que vendría

**mansito :** sin armar escándalo □ **comisiones :** patrullas

las mandé por no dejar. Yo conozco mi gente. Y ahí está. Tú viniste solito.

Rápidamente le ataron con un pedazo de soga las manos a la espalda. El baile de tambor no se interrumpió pero muchos se dieron cuenta de lo que pasaba y se fueron acercando.

—Es Hilario.

—Ajá. El peón del Manteco.

—Se había desertado del cuartel en Caucagua.

10 —Pela segura.

El se dejó llevar sin oponer resistencia. De la penumbra convergían sobre él los ojos de los negros. Cuando pasaba bajo los faroles se veía lo flaco que estaba, la piel se le había puesto mate y terrosa, los labios cuarteados, los ojos hundidos y apagados.

El mismo comisario hubo de observarlo:

—Estás en el huesero, Hilario. No te queda carne ni para una albóndiga. Y tan macizo que era el negro.

Él no decía nada. Apenas parecía mirar. Oía a pedazos
20 y confusamente. Algunas voces de mujeres:

—Pobrecito. ¡Cómo se dejó coger!

—Tan flaco que está. No va a aguantar la pela.

Todo aquello no sabía si lo oía o lo pensaba mientras salía de la plaza llena de tambor, entraba por el oscuro zaguán de la comisaría y sin fuerzas para soportar el empujón caía sobre los ladrillos del calabozo.

Tanto como el tambor y casi con el mismo ritmo le latían los pulsos estrangulados por la soga. Sentía sed. Pegó los labios secos al ladrillo húmedo.

30 Sabía que todo aquello iba a suceder. Lo había pensado infinitas veces. Se lo había imaginado constantemente mientras se ocultaba hambriento entre los bosques y bajaba

**...por no dejar** : las mandé contra ti sin convicción □ **y ahí está :** todo acabó bien □ **viniste :** has venido

**le ataron con soga :** le amarraron las manos con cuerda **a la espalda :** por detrás □ **baile de tambor :** cf. p. 102, l. 11 **se dieron cuenta** < darse cuenta ; echar de ver, notar □ **se fueron acercando :** se acercaron poco a poco

**ajá :** interjección ; afirmación □ **el peón :** trabaja en una hacienda **Caucagua :** en el Nordeste, a 30 kms de la Costa del Caribe **pela :** paliza, zurra ; recibirá latigazos

**lo flaco que estaba :** cuán flaco estaba ; cuánto peso había perdido □ **se le había puesto** < ponerse : transformación accidental □ **labios cuarteados :** secos y agrietados □ **ojos hundidos :** muy metidos en las cuencas □ **apagados** ≠ brillantes **estás en el huesero :** estás en los huesos, estás muy flaco □ **ni :** ni siquiera □ **albóndiga :** bolita de carne picada □ **macizo :** fuerte, fornido

☑ **pobrecito** < pobre **aguantar :** soportar

**zaguán :** vestíbulo **empujón** < empujar, dar un golpe con la mano

**tanto como el tambor...le latían los pulsos :** el pulso vibraba lo mismo que el tambor □ **soga :** cuerda □ **sed :** ganas de beber □ **pegó los labios... :** los acercó al ladrillo como para besarlo **suceder :** ocurrir, pasar **se ocultaba :** se escondía □ **hambriento** < hambre : con ganas de comer

por la noche a beber a los ríos o a robar a los ranchos. Lo sabía desde el día en que se había fugado del cuartel.

Él tendría que venir al pueblo y Ño Gaspar vendría a cogerlo, y le amarraría las manos a la espalda, como las tenía, como las había tenido cuando Ño Gaspar se las amarró en día de la recluta.

—Para que sepas lo que es bueno, y te hagas hombre.

Pero lo que sentía eran ganas de dormir. De dormir por todos aquellos días y aquellas noches del monte. Allí sobre
10 los ladrillos estaba tranquilo.

Pegaba la cara al suelo y no sentía peso.

—Estoy como livianito.

Ya no se oía el tambor. Debía de ser muy tarde en la noche. Pero sentía como el peso de las casas sobre el suelo. No eran muchas. Las seis de la plaza con sus solares. La iglesia. La calle larga. Más eran los corrales que los ranchos. Pero las sentía cómo pesaban en el suelo. Y sentía cómo resbalaba el agua dormida y oscura del Tuy allá cerca o lejos. Y el viento que pasaba por sobre los techos, y los
20 árboles y el agua y tocaba la tierra del suelo. El viento iba más ligero que el Tuy hacia el mar.

El parecía resbalar también y flotar.

Pero de pronto tuvo como una caída y abrió los ojos en la sombra.

—Y ahora falta la verga del cabo Cirgüelo —dijo entre dientes y sintió frío.

Mientras estuvo en el cuartel había visto pelar a un desertor.

—¡Atención firrrrrrm'! — gritaba el oficial. La compañia
30 se ponía en posición.

Era aquélla la hora del castigo. Mucho antes de la madrugada. El cabo Cirgüelo con un ayudante preparaba

⊠**bajaba a beber a los ríos** □ **robar** : coger lo que no debía □ **rancho** : casita pobre ⊠ **el día en que**...

**le amarrarían las manos** : cf. p. 104, l. 3
⊠ **se las amarró** : <u>le</u> amarró + <u>las</u> amarró > <u>se las</u> amarró
**la recluta** : el reclutamiento para el servicio militar
**para que sepas** < saber
**ganas de dormir** : tenía sueño □ **por todos aquellos días** : para compensar... ⊠ **monte** : bosque
**ladrillos** : cf. p. 102, l. 2

**livianito** : ligerito
**ya no...** : la acción de tocar el tambor había terminado □ **debía de ser** : era posible que fuera □ **el peso** > pesado ≠ ligero
**no eran muchas** : no había muchas □ **solares** : espacios alrededor de las casas □ **los corrales** : donde vivían las gallinas... Tenían más importancia que las casas
**resbalaba el agua** : corría suavemente el agua □ **Río Tuy** : desemboca al norte del Orinoco. Región fértil (cacaotales). Allí perdura la cultura heredada de los esclavos negros

**de pronto** : de repente, cuando menos lo pensaba □ **caída** < caer ; tuvo un sobresalto
**...del cabo** : sólo hay algo ausente, la verga con que me pegará el cabo. Éste es el que, por tener un galón, castigará al desertor
**mientras estuvo** : en la época en que había estado □ **pelar** : dar paliza, azotar (Ven.)
**¡Firmes!** : *garde à vous !*

**era aquélla...** : entonces había llegado la hora del castigo

107

las vergas. Al desertor lo habían colocado frente a la compañía. Le habían bajado los pantalones. Hacía tanto frío como ahora. Le habían amarrado las manos, y, puesto en cuclillas, por entre los brazos y las corvas le habían pasado varios fusiles como cepo.

El cabo lo empujó con el pie hasta ponerlo de lado y antes de que levantara la verga, empezó la banda seca a tocar la pava para que no se le oyeran los gritos al pelado.

Un vergazo, dos vergazos, tres vergazos. Los hombres de 10 la compañía pujaban a cada golpe, pero el grito del castigado no se oía porque la banda tocaba sin cesar y con toda fuerza aquella pava. El negro Hilario la tarareaba.

—Túa, túa, túa la pava.

Cincuenta vergazos. Setenta vergazos.

—Túa, túa, túa el pavito.

Antes de volverlo para el otro lado para proseguir vertían sobre la desgarrada nalga una palangana de salmuera.

El cabo Cirgüelo levantaba la verga. Ya casi no se oía el quejido del castigado.

20 —Túa, túa, túa la pava.

Ahora era ese sonsonete de la pava el que no se le iba de la cabeza. El cabo Cirgüelo usaba patillas largas y tenía un diente orificado. Allí estaría todavía en el cuartel de Caucagua.

Por la mañana vendría la comisión a llevarlo. Lo embarcarían en un bote en el río. Sin desamarrarle las manos lo volverían a bajar a tierra. Cuando pasara por los ranchos la gente se asomaría a verlo.

—Es un desertor que llevan.

30 Entraría a Caucagua. Por la tardecita. Por la calle de atrás. Pasaría por la pulpería del isleño. Y allí a la vuelta

**...vergas**: para pegarle ⊠ **al desertor lo habían colocado**: forma activa que sustituye la forma pasiva: el desertor fue colocado ⊠ **hacía <u>tanto</u> frío <u>como</u> ahora** □ **puesto** < poner

**en cuclillas**: sentado sobre los talones □ **corvas**: parte trasera de la rodilla □ **cepo**: castigo militar

**...de lado**: con el pie le obligó a ponerse de costado

**...la verga**: antes de que el cabo hiciera ademán de pegarlo □ **la banda seca**: la orquesta sólo compuesta de tambores □ **tocar la pava** (Ven.): tocar una música para tambores □ **vergazo**: verga + azo = golpe con la verga □ **pujaban**: gritaban

**tocaba...** ⊠ tocar un instrumento de música (jugar...al fútbol)

**tarareaba**: canturreaba

**túa, túa, túa**: onomatopeya que acompaña el tambor (tocar la pava: *jouer du tambour*)

**pavito** < pava, para subrayar el cambio de ritmo

**...proseguir**: seguir pegándolo □ **vertían**: derramaban

**nalga**: *fesse* □ **palangana de salmuera**: *cuvette de saumure*


**quejido**: gemido, queja ; quejarse


**sonsonete**: repetición de sonidos: túa, túa ⊠ **era ese...<u>el que</u>...**

**...cabeza**: lo obsesionaba □ **patillas**: pelos largos junto a las orejas □ **orificado**: de oro □ **estaría**: debía de estar


⊠ **por la mañana** o **de mañana** ≠ mañana: *demain*

**bote**: barco pequeño

{ ⊠ **cuando pasara**: imp. subj. en vez del condicional francés

{ **la gente se asomaría**: el mismo tiempo que en francés

**por la tardecita** (popular): al principio de la tarde

**pulpería** (Ven.): tienda y bar □ **el isleño**: es oriundo de una isla

**a la vuelta**: muy cerca

estaba el cuartel. Y allí en la puerta, o en el patio, tenía que estar el cabo Cirgüelo.

Había mucho que caminar, antes de llegar. Tenían que sacarlo de allí. Bajar a la costa del río. Pasar la mañana. Tiempo de dormir en la canoa. Tendido en el fondo ver pasar las copas de los árboles como dando una vuelta de carnero en el cielo. Volver a atracar. La gente se acercaría a la orilla. Ya sería de tarde. Y empezarían otra vez las preguntas.

10 —¿Y cómo lo cogieron?

—¿Dónde se había metido?

—¿Lo encontró la comisión?

Y aquella palabra que iban a repetir, que repetían, que él mismo había estado repitiendo muchas veces : La pela. Lo van a pelar. De la pela no se salva. Cien vergazos. ¡ Ah, buena Pela ! Doscientos vergazos en cada nalga. Una pela para un hombre completo. El diente orificado del cabo Cirgüelo. Túa, túa, túa la pava.

Eso era lo que no se le había quitado de la cabeza desde
20 que se fugó del cuartel. Desde que había visto azotar a aquel soldado desertor. Desde que lo había visto recoger desgonzado y patuleco como un judas de trapo.

Y ahora tendido sobre el suelo del calabozo se sentía tan flaco, tan sin fuerzas. No iba a poder resistir los vergazos. No podría resistir ni la mitad. Uno, cantaba el cabo. Dos. Tres. Los primeros ardían como una brasa. Después empezaba a salir la sangre. Y entonces era como si poco a poco le fueran arrancando una tirita de pellejo. Después empezaba a doler para adentro. Treinta. Treinta y uno. Por
30 las tripas. Por el bazo. Por los pulmones. Sesenta y seis. Sesenta y siete. Y allí era donde empezaba aquel pujido.

110

**tenía que estar** : a la fuerza estaba allí el cabo

**había mucho que caminar** : forma impersonal ≠ forma precedente □ **tenían que sacarlo de allí** : los policías tenían que sacarlo del calabozo
**las copas** : las cimas □ **...de carnero** : saltando como el carnero □
**atracar** : amarrar el bote
**ya sería de tarde** : sería realmente al atardecer

**¿Y cómo lo cogieron?** : siempre desde el principio del relato la 3ʳᵃ persona del plural para expresar el "*on*" francés
**comisión** : el verbo precede el sujeto en una pregunta

**había estado repitiendo** : forma progresiva (< repetir)
**de la pela no se salva** : no tiene escapatoria : recibirá la paliza, la zurra
**hombre completo** : hombre de verdad ; muy vigoroso...

**...cabeza** : lo que lo había obsesionado
**azotar** : dar golpes con la verga o el látigo ; dar azotes, dar latigazos
**...recoger** : había visto cómo los hombres lo levantaban
**desgonzado** : desarticulado □ **patuleco** : deshecho (Ven.) □ **judas de trapo** : muñeco que se exhibe en Semana Santa y se quema después
**flaco** : se había quedado en los huesos, se sentía débil
**No...mitad** : ni siquiera aguantaría la mitad
**ardían** < arder : los azotes le daban la sensación de fuego
☑ **la sangre** □ **como si...pellejo** : como si los golpes le quitaran poco a poco la piel
**doler para adentro** : le dolía el cuerpo por dentro ; el dolor
**las tripas** : el vientre □ **el bazo** : *la rate*
**pujido** : grito, gemido

111

Donde se iban quedando. Donde se iban yendo. Donde se iban durmiendo.

Ya estaba caliente el ladrillo donde tenía la mejilla. Se arrastró un poco por el suelo hasta quedar sobre un pedazo de piso fresco. Todo seguía oscuro y quieto. Se puso a oír. Ni el viento pasaba ya. Pero allá a lo lejos había ladrado un perro.

Mucho más allá del calabozo, y de la casa, y de la plaza. De más allá del pueblo venía el ladrido. De cerca del río.
10 Del monte. De la noche. De la soledad.

—¡Ah, malhaya!

Del monte venía el ladrido. Quien pudiera cogerlo si volviera a estar allí. Así de lejos se oía ladrar los perros cuando se asomaba por entre los matorrales de una cuesta y veía en lo limpio de una loma un rancho. El hambre lo sacaba de noche del monte. Había aprendido a andar sin ruido y pararse a oír como los venados. A parar la oreja al viento. A veces sentía algo, se escondía en un mogote y veía pasar los hombres de la comisión con sus machetes, sus
20 fusiles y sus cobijas terciadas.

Cuando un perro lo venteaba y ladraba tenía que detenerse. Volvía a perder de vista el rancho y se internaba en el monte. Comía guayabas y raíces. A veces el hambre lo mareaba. A veces lograba acercarse a un rancho sin que ladrara un perro, cogía del fogón lo que hubiera de comer y salía huyendo.

Nunca había llegado a alejarse del pueblo. Si llegaba de forastero a otra parte lo podían descubrir. Permanecía merodeando por entre los bosques de las vertientes. Veía de
30 lejos el río. El Tuy rodaba tranquilo. Pasaba a veces una canoa y él de lejos reconocía alguno de los peones.

—¡Ah, malhaya!

112

**donde...** : ya desfallecía y no podía contar los golpes
**durmiendo** < dormir
**caliente** ≠ frío □ **la mejilla** : al lado de la boca
**se arrastró** : se movió con todo el cuerpo en el suelo
**seguía** : estaba todavía □ **se puso** < ponerse □ **oír** : escuchar
**había ladrado** < ladrar ⊘ el ladrido

**más allá** : más lejos

**soledad** : cf. p. 102, l. 25
**¡Ah malhaya!** : ¡Maldito!, ¡pobre de mí!
**quien pudiera cogerlo** : nadie sería capaz de cogerlo
**así de lejos** : de tan lejos era posible oír...
**se asomaba** : aquí, se levantaba □ **matorrales** : lugares llenos de
malezas □ **cuesta** : la pendiente □ **en lo limpio de una loma** : en lo
más claro de una colina
**venados** : ciervos □ **parar la oreja** : aguzar el oído
**a veces** : algunas veces □ **sentía algo** : aquí, oía algo □ **mogote** : sitio
de mucha vegetación en medio de la sabana (Ven.)
**cobijas terciadas** : llevaban las mantas (para dormir) al hombro
**venteaba** : olía, olfateaba
**detenerse** : dejar de andar
**guayabas** : *goyaves* □ **raíces** : lo que echa un árbol bajo tierra
**lo mareaba** : lo ponía enfermo como los movimientos del
barco □ **lograba** : podía, conseguía □ **fogón** : hogar □ **lo que hubiera
de comer** : la comida que podía quedar □ **huyendo** < huir, fugarse

**de forastero** : como un hombre desconocido del pueblo □
**permanecía merodeando** : seguía yendo de un lado para otro ⊘ **las
vertientes** : las pendientes de la colina
⊘ **una canoa** □ **alguno** : uno cualquiera

113

A veces, después de beber tendido en la orilla, soltaba una hoja seca para verla irse con la corriente y se quedaba mirándola atontado hasta que el grito de una guacharaca en el bosque o la algarabía de un bando de loros que cruza en el aire, venían a sacudirlo.

Desde algunos puntos altos podía ver el pueblo. Los samanes de la plaza, la iglesia, la comisaría, la calle larga. Las gentes en la puerta de la pulpería. Si él estuviera allí donde estaban sus ojos, donde estaba aquel hombre
10 recostado a la puerta. ¿Cómo sería el barullo?

—Epa. Aquí está Hilario.

—El que se desertó.

—¡Cójanlo!

Pero estaba lejos, entre aquellos árboles donde sonaba el viento. Por la noche no se veían sino las luces titilando en la sombra. El pueblo parecía más lejano y más chiquito.

No llevaba cuenta del tiempo que tenía en el monte. Se iba poniendo más flaco. Se le iba aclarando el pellejo. De negro se estaba poniendo verdoso como cola de caimán.
20 Andaba con menos ligereza. Se cansaba más subiendo. Le entraba como un ahogo y tenía que quedarse un rato reposando. Doblado, acezante se quedaba mirándose los pies y las manos. Los tenía más descarnados y secos. Y las palmas las tenía moraduzcas y las uñas amarillentas. Noches había en que se sentía sin fuerzas para acercarse a los ranchos. Se quedaba tiritando como con mucho frío debajo de un árbol. Ya no le quedaban sino pedazos del pantalón. Pero era mucho frío. Si sentía un ruido no tenía fuerzas para levantarse. Podía ser un animal. Podía ser la
30 comisión. Si era la comisión lo cogerían. No tenía voluntad para resistir ni para oír. Se quedaba un rato angustiado,

114

**tendido :** con todo el cuerpo descansando en el suelo □ **orilla :** borde del río □ **soltaba :** dejaba caer ☑ **la corriente** del agua ☑ **se quedaba mirándola** □ **atontado :** como tonto, idiotizado □ **guacharaca :** ave parlanchina □ **algarabía :** tumulto confuso □ **los loros** o papagayos son aves que repiten las palabras □ **sacudirlo :** lo sacaban de su entorpecimiento

**si él estuviera allí :** él se pregunta, caso de estar donde miran sus ojos (si + imp. sub. ≠ realidad) ¿qué pasaría?
**recostado :** arrimado □ **¿Cómo sería el barullo?** ¿Qué alboroto se armaría? □ **Epa :** onomatopeya que indica sorpresa

**cójanlo :** se da la orden de cogerlo, prenderlo ☑ ortografía

**las luces** < la luz □ **titilando :** oscilando
**lejano** ≠ cercano □ **chiquito :** pequeñito
**...monte :** no podía saber cuánto tiempo había estado allí
**...el pellejo :** la piel se le ponía cada vez más transparente
**se estaba poniendo** < ponerse : *devenir* □ **verdoso :** tirando a verde
**se cansaba más :** perdía más fuerzas
**ahogo :** sensación de no poder respirar, de ahogarse
**doblado :** inclinado, encorvado □ **acezante :** respirando trabajosamente, jadeante ; jadear ☑ **mirándose los pies** (se evita el posesivo)
**moraduzcas :** casi moradas, violáceas □ **uña :** parte córnea del dedo □ **amarillento, a :** tirando a amarillo
**tiritando :** temblando de frío
**ya no...sino... :** ya sólo... : estaba vestido de harapos
**si sentía :** aquí, cuando sentía (realidad : si + indicativo)

**si era la comisión :** discurso indirecto y real posibilidad ≠ línea 8
**rato :** momento □ **angustiado** < angustia ; ansioso

atento, pero el ruido no volvía a oírse y él suspiraba tranquilo.

En vez de alejarse, a medida que se sentía enfermo y débil se iba acercando más al pueblo. No dejaba de pensar a ratos :

—Si ahora me cogen, no resistiré la pela. Me voy a quedar en la pela.

Pero había algo por adentro que le hacía sentir aquello tan remoto o tan inevitable que continuaba acercándose 10 peligrosamente.

En dos o tres ocasiones había llegado a acercarse por la orilla del río hasta las primeras casas del pueblo. Hasta se había atrevido a entrar en algún solar a robar algún pedazo de cecina colgado a secar al sol.

Algún día lo iban a coger. Estaría de Dios.

—¡Ah malhaya!

Ni duerme, ni está despierto. Siente como se va calentando el piso bajo su cuerpo. Como palpita todo el cuerpo sin sosiego sobre los ladrillos. Como hormiguean las 20 manos frías estranguladas por la soga sobre la espalda. Como duelen los huesos con un dolor dulce de calentura. Cierra los ojos con fuerza para dormir. Pasan vagos destellos. Puntos rojos, huidizos. El latido de los pulsos golpea y lo sacude sin cesar.

Tan. Tan. Tan. Tatantán. Tatantán. Tan. Tatán. Como el tambor. A veces claro, como la "curbeta", a veces espeso y ronco como "el mina". Como el tambor.

Así lo fue oyendo ya desde el río. Desde que se acercó agazapado en la sombra a las primeras casas. Hacía mucho 30 tiempo que no oía el tambor. No oía sino ruido de ramas, ladridos de perros, cantos de pájaros. Pero no aquel caliente son del tambor. Agazapado golpeaba con el pie y con

**atento :** con mucha atención □ **no volvía a oírse :** no se oía de nuevo

**en vez de :** en lugar de □ **...enfermo :** se sentía cada vez peor y...
**se iba acercando :** se acercaba poco a poco < cerca ≠ lejos □ **a ratos :** de vez en cuando
**me voy a quedar :** voy a morir

**por adentro :** en su fuero interior ; por dentro
**...remoto :** le parecía que el castigo estaba lejos ☑ **continuaba acercándose** □ **peligrosamente :** con riesgo de que lo cogieran ; el peligro ; peligroso, a
☑ 2 sentidos de **hasta** ; el segundo : incluso
**atrevido** < atreverse con audacia a... □ **solar :** parcela de tierra alrededor de un rancho □ **cecina :** carne salada y seca
**estaría de Dios :** sería la voluntad de Dios

**despierto :** que ha salido del sueño
**se va calentando** < calentarse ; el calor □ **el piso :** el suelo
**sosiego :** tranquilidad, calma □ **hormiguean las manos :** tienen la sensación de que llevan dentro hormigas
**duelen** < doler ; dan una sensación de dolor □ **huesos :** la tibia por ejemplo □ **calentura :** fiebre □ **cierra** < cerrar ≠ abrir
**destellos :** resplandores □ **huidizos** < huir : fugaces □ **latido :** movimiento

Los dos **tambores** tienen sonidos contrastados
**ronco :** áspero, bronco
**lo fue oyendo :** él oyó el tambor (aquí ir = estar)
**agazapado :** inclinado, encuclillado ☑ **se acercaba a...**
**no oía sino ruido de ramas :** sólo oía ruido de ramas de árboles

**son :** sonido

la mano en el suelo. Ton ton, ton ton, ton ton. Era como un agua de calor que le rodeaba el cuerpo.

Ya estaba cerca de las luces de la plaza y oía el pesado compás de los pasos. La sombra de los negros se movía como una sola masa compacta. Las luces parecían subir y bajar bajo las ramas de los samanes.

Al amparo de una pared se ha asomado a la plaza. Ya es como un sacudimiento de fiebre lo que lo lleva con el tambor. Todo resuena dentro y fuera de su cabeza como el
10 grueso parche golpeado por los puños negros. Todo él se agita. Todo va y viene en el tambor. Las mujeres. Las luces. Los nombres de las cosas. Su nombre que lo llama y lo llama sin cesar.

Hilario, dice. Hilario, repite. Hilario, el tambor. Hilario la sombra. Hilario, Hilarito, Hilarión. Larito, larión. Larito, ito, ito, ito. Retumba el ritmo. Todo lo sacude. Tumba y retumba. Zumba en la sombra. Zumba.

Tambalea todo. Tan tan. Tan tan. Tambalea Hilario. Tanta sombra. Tanta noche. Tanto tambor. El tambor
20 tantea en la sombra. Hilario tiembla. Hilario se sacude. Tantas mujeres tiemblan en la sombra. Hilario, Hilarito, Hilarión.

A su lado pasaban las sombras saltando. Ellas y el tambor y la plaza y las luces. Él estaba entre ellas. El compás golpeaba en sus huesos y en sus ojos. Pasaban bocas acezantes y ojos turbios.

Y aquella mujer que venía traída y llevada por el tambor frente a él. Sacudida con él. Atada con él. Golpeada con él.
30 —¡Aé! ¡Aé! ¡Aé!

—¡Soledad, guá, los dos bailando!

—¡Hilario, guá, ya volviste!

**...rodeaba** : era como si estuviera en un baño de agua caliente

**compás** : ritmo
**las luces...** : : con las luces las ramas parecían bailar

**al amparo de** : amparado por, protegido por □ **se ha asomado a...** :
ha podido llegar a la plaza □ **es como...lo que lo lleva** : la fiebre lo
sacude al compás del tambor
**un tambor tiene dos partes** : el cuerpo de madera y el **parche** en el
que se toca con las manos o los puños

**Hilario, dice** : el protagonista cree oír su nombre mientras tocan los
tambores
**retumba** : resuena □ **todo lo sacude** : el ritmo del tambor hace que
todo se mueva □ **tumba y retumba** : suena y resuena □ **zumba** :
como las moscas □ **tambalea** : el ruido le hace perder el equilibrio
**tanta noche, tanto tambor** : sonsonetes
**tantea** : como si los golpes buscaran su camino, a tientas □ **tiembla**
< <u>tem</u>blar ; el temblor

**las sombras** de las personas que no se distinguen bien

**acezantes** : jadeantes □ **turbios** ≠ claros, límpidos
**...traída y llevada** : la mujer avanzaba y retrocedía, siguiendo el
ritmo del tambor □ **sacudida con él...** : la mujer arrebatada por el
ritmo baila con Hilario □ **atada** ≠ suelta

Y allí fué donde lo sintió venir. Sin verlo le sentía el paso. Entre el tambor le distinguía el paso. El paso de Ño Gaspar. El paso pesado, macizo, asentado. Sin volver la cabeza le sentía el paso.

Los podía contar. Uno. Pasaba un rato. Dos. Se iba acercando. No se oía sino aquel paso de Ño Gaspar el comisario. No se oía tambor ni baile. No se oía sino aquel paso.

Chirrió la puerta. Con los ojos abiertos, desde los ladrillos, vio el calabozo lleno de la ceniza de la madrugada, y en la puerta, alto y ancho, Ño Gaspar, y detrás de Ño Gaspar las caras, las cobijas, los fusiles y los machetes de los hombres de la comisión.

☒ <u>allí</u> fué <u>donde</u>... ☐ **lo sintió venir** : lo oyó venir

**paso pesado** : sonsonete ☐ **macizo** : fuerte ☐ **asentado** : firme, seguro ☐ **sentía** : oía y reconocía el paso de Ñó Gaspar

**no...sino** : no...más que

**chirrió** < chirriar ; el chirrido : ruido producido por una puerta al abrirse ☐ **ceniza** : lo que queda del tabaco fumado
☒ **detrás <u>de</u>**
**cobijas** : mantas

# Grammaire au fil des nouvelles

*Traduisez les phrases suivantes inspirées du texte (le premier chiffre renvoie aux pages, les suivants aux lignes) :*

**On *le* jeta sur le carrelage du cachot et *on* referma la porte** (102,1).

**Il s'était approché *peu à peu*, craintivement** (*ir* + gérondif. 102,18).

**Il n'avait pas besoin de *le* voir pour savoir que c'était *lui*** (pronoms, sujet et complément direct. 102,28).

**On lui lia les mains dans le dos à l'aide d'un bout de corde** ("lui" : complément indirect. 104,3).

**Beaucoup de gens se rendirent compte de *ce qui* se passait et s'approchèrent *peu à peu*** (104,5).

**Sa peau était devenue mate et terreuse** (évitez le possessif. 104,13).

**Son pouls battait *autant que* le tambour** (104,27).

**Il savait que tout *cela* allait *arriver*** (démonstratif. 104,30).

***Il faudrait qu'il* vienne au village** ("falloir", "devoir". 106,3).

**Le commissaire lui attacherait les mains comme il *les lui* avait attachées le jour du recrutement** (deux pronoms compléments de la 3e personne. 106,5).

**On *n'*entendait *plus* le tambour** (forme réfléchie pour "on". 106,13).

**Il devait être très tard** ("devoir" : possibilité. 106,13).

**Il faisait *aussi* froid *que* maintenant** (108,2).

**L'orchestre commença à jouer pour qu'on *n'entendît pas* les cris du supplicié** (*para que* + imp. subj. pour la c. de t. 108,7).

**A la porte ou dans la cour se trouvait *à coup sûr* le caporal** (obligation. 110,1).

**Il lâchait une feuille dans le courant et restait *à la regarder*, hébété** (*quedarse* + gérondif, place du pronom. 114,2 et 3).

**Il *n'*entendait *que* le bruit des branches** (116,30).

**Le rythme emporte *tout*** (sujet + *lo* + verbe + *todo*. 118,8).

***C'est là qu'il* le sentit venir** (120,1).

**Il avait *même* osé dérober de la viande séchée** (116,13).

***Il devait être encore* à la caserne** (possibilité, emploi du conditionnel. 108,23).

## Horacio Quiroga
### (Uruguayo 1878-1937)

# EL YACIYATERÉ

Nacido en 1878 en Salto (Uruguay) de un padre argentino y una madre uruguaya, Horacio Quiroga desciende del famoso caudillo federalista Facundo Quiroga, el "Tigre de los llanos".

La muerte del padre en un accidente de caza en 1879 es la primera de una serie de desgracias que jalonan su vida ; en 1902 mató accidentalmente a su mejor amigo, lo que le determinó a abandonar el Uruguay para siempre.

Vive primero en Buenos Aires, visita "Misiones", la región de las antiguas misiones de los Jesuitas y el Chaco donde compra tierra y planta algodón. Su aventura de colono fracasa y a partir de 1909 se queda sobre todo en "Misiones" donde fracasan también varias empresas industriales. Es indudable la relación que existe entre la vida trágica de Horacio Quiroga y el pesimismo de sus cuentos, la obsesión de la muerte que se observa en ellos —aunque también se puede atribuir a la influencia de E. Poe a quien admiraba mucho. Su experiencia directa de la Naturaleza hostil explica el tema recurrente de la derrota del hombre ante la barbarie de la Naturaleza tropical.

*El Yaciyateré* es un cuento sutil en el cual el autor introduce un elemento fantástico, con el pájaro mítico, pero al mismo tiempo propone una explicación lógica, perfectamente racional a la locura del niño : la meningitis. De ahi nace la impresión de malestar, y de malicia perversa por parte del autor que atribuye a los testigos sanos, cultos, civilizados, la explicación supersticiosa.

Claro que la anécdota del cuento es inseparable del ambiente creado por la grandiosa descripción de la tormenta en el río Paraná.

Cuando uno ha visto a un chiquilín reírse a las dos de la mañana como un loco, con una fiebre de cuarenta y dos grados, mientras afuera ronda un yaciyateré, se adquiere de golpe sobre las supersticiones ideas que van hasta el fondo de los nervios.

Se trata aquí de una simple superstición. La gente del Sur dice que el yaciyateré es un pajarraco desgarbado que canta de noche. Yo no lo he visto, pero lo he oído mil veces. El cantito es muy fino y melancólico. Repetido y obsediante,
10 como el que más. Pero en el Norte, el yaciyateré es otra cosa.

Una tarde, en Misiones, fuimos un amigo y yo a probar una vela nueva en el Paraná, pues la latina no nos había dado resultado con un río de corriente feroz y en una canoa que rasaba el agua. La canoa era también obra nuestra, construida en la bizarra proporción de 1:8. Poco estable, como se ve, pero capaz de filar como una torpedera.

Salimos a las cinco de la tarde, en verano. Desde la mañana no había viento. Se aprontaba una magnifica
20 tormenta, y el calor pasaba de lo soportable. El río corría untuoso bajo el cielo blanco. No podíamos quitarnos un instante los anteojos amarillos, pues la doble reverberación de cielo y agua enceguecía. Además, principio de jaqueca en mi compañero. Y ni el más leve soplo de aire.

Pero una tarde así en Misiones, con una atmósfera de ésas tras cinco días de viento norte, no indica nada bueno para el sujeto que está derivando por el Paraná en canoa de carrera. Nada más difícil, por otro lado, que remar en ese ambiente.
30 Seguimos a la deriva, atentos al horizonte del sur, hasta llegar al Teyucuaré. La tormenta venía.

Estos cerros de Teyucuaré, tronchados a pico sobre el río

**uno :** a causa de reírse pronominal □ **chiquilín :** chico (A.L.)

**loco :** alienado □ **fiebre :** por encima de los 37 grados

**ronda :** vuela como una amenaza □ **yaciyateré :** ave mítica ; roba a los niños y los deja en el monte, mentalmente atrasados (palabra garaní)

**Sur** ≠ Norte (l. 10) ; en el Sur no se cree en la superstición

**pajarraco :** sufijo despectivo □ **desgarbado :** sin gracia, feo

**yo :** otros pretenden haberlo visto □ **visto** < ver ⊠ <u>mil</u> veces

**obsediante :** galicismo ; no imitar !

**como el que más :** más que cualquier otro, sin punto de comparación

**Misiones :** provincia del N.E. de la Argentina entre Paraguay y Brasil ; el nombre viene de los Jesuitas □ **latina :** la vela triangular

**...feroz :** no convenía para tan tumultuoso río

**...el agua :** la embarcación ligera apenas tocaba el agua

**bizarra :** sorprendente (gal.) □ **1:8 :** relación entre el largo y el ancho ; se lee 1 <u>por</u> 8 □ **torpedera** < torpedo


**se aprontaba :** llegaba (A.L.)

**tormenta :** tempestad □ **pasaba de lo soportable :** no sc podía aguantar □ **untuoso :** como el aceite

**anteojos :** lentes o gafas para ver mejor o proteger los ojos del sol (quitarse ≠ ponerse las gafas) □ **enceguecía :** dejaba como ciego □

**principio de jaqueca :** empezaba a dolerle la cabeza ⊠ **ni :** ni siquiera □ **leve :** ligero □ **así :** de este tipo □ de **ésas,** como las que acabo de describir □ **tras :** después de

**sujeto :** individuo (despectivo)

**carrera :** competición en velocidad □ **por otro lado :** además □

**remar :** mover los remos para impulsar la canoa

**seguimos :** pretérito □ **atentos :** con la mirada fija en

**Teyucuaré :** topónimo guaraní < teyu : iguana

**cerros :** terreno abrupto □ **tronchados a pico :** verticales

en enormes cantiles de asperón rosado, por los que se descuelgan las lianas del bosque, entran profundamente en el Paraná formando hacia San Ignacio una honda ensenada, a perfecto resguardo del viento sur. Grandes bloques de piedra desprendidos del acantilado erizan el litoral, contra el cual el Paraná entero tropieza, remolinea y se escapa por fin aguas abajo, en rápidos agujereados de remolinos. Pero desde el cabo final, y contra la costa misma, el agua remansa lamiendo lentamente el Teyucuaré hasta el
10 fondo del golfo.

En dicho cabo, y a resguardo de un inmenso bloque para evitar las sorpresas del viento, encallamos la canoa y nos sentamos a esperar. Pero las piedras barnizadas quemaban literalmente, aunque no había sol, y bajamos a aguardar en cuclillas a orillas del agua.

El sur, sin embargo, había cambiado de aspecto. Sobre el monte lejano, un blanco rollo de viento ascendía en curva, arrastrando tras él un toldo azul de lluvia. El río, súbitamente opaco, se había rizado.

20 Todo esto es rápido. Alzamos la vela, empujamos la canoa, y bruscamente, tras el negro bloque, el viento pasó rapando el agua. Fue una sola sacudida de cinco segundos ; y ya había olas. Remamos hacia la punta de la restinga, pues tras el parapeto del acantilado no se movía aún una hoja. De pronto cruzamos la línea —imaginaria, si se quiere, pero perfectamente definida—, y el viento nos cogió.

Véase ahora : nuestra vela tenía tres metros cuadrados, lo que es bien poco, y entramos con 35 grados en el viento. Pues bien ; la vela voló, arrancada como un simple pañuelo
30 y sin que la canoa hubiera tenido tiempo de sentir la sacudida. Instantáneamente el viento nos arrastró. No mordía sino en nuestros cuerpos : poca vela, como se ve,

**cantiles**: peñas abruptas □ **asperón**: *grès*

**descuelgan** < descolgarse: se dejan caer

**San Ignacio**: cerca de la capital Posadas

**ensenada**: rada □ **a resguardo de**: protegido, abrigado de los vientos □ **desprendidos**: caídos, arrancados al acantilado o cantil

**tropieza**: choca □ **remolinea**: el agua gira formando torbellinos

**abajo**: en la dirección de la corriente □ **agujereados**: perforados

**...final**: última punta de tierra

**remansa lamiendo**: ...se estanca, tocando suavemente, como una lengua...

**dicho** < decir; el cabo que se mencionó antes

**encallamos la canoa**: la detuvimos (< detener) en la arena

**a**: para □ **barnizadas**: brillantes como si tuvieran barniz o laca ⊠ **aunque** + ind.: hecho real □ **aguardar**: esperar □ **en cuclillas...agua**: sentados en los talones en la tierra firme

**sur, norte, este, oeste** son los cuatro puntos cardinales

**rollo**: cilindro □ **ascendía**: subía

**arrastrando**: el caballo arrastra el coche □ **toldo**: tela fuerte para proteger del sol un patio o balcón □ **rizado**: ondulado

**alzamos**: pusimos (< poner) vertical □ **empujamos**: dimos un impulso a □ **tras**: después de pasar

**rapando**: a ras de □ **sacudida**: movimiento brusco

**ya**: indica el cambio rapidísimo □ **restinga**: punta de tierra en el agua □ **pues**: ya que □ **aún**: *encore* □ **hoja**: de un árbol

**de pronto**: de repente □ **cruzamos**: pasamos □ **si se quiere**: concesivo

**véase**: imperativo de ver; se dirige al lector □ **metro cuadrado**: unidad de superficie

**pues bien**: *eh bien!* □ **vela voló**: aliteración □ **pañuelo**: para limpiarse la nariz ⊠ **sin que** + subjuntivo

**...sino en nuestros cuerpos**: sin vela, el viento mordía en nuestros cuerpos que eran el único obstáculo: ¡poca vela!

127

pero era bastante para contrarrestar remos, timón, todo lo que hiciéramos. Y ni siquiera de popa ; nos llevaba de costado, borda tumbada como una cosa náufraga.

Viento y agua, ahora. Todo el río, sobre la cresta de las olas, estaba blanco por el chal de lluvia que el viento llevaba de una ola a otra, rompía y anudaba en bruscas sacudidas convulsivas. Luego, la fulminante rapidez con que se forman las olas a contracorriente en un río que no da fondo allí a sesenta brazas. En un solo minuto el Paraná se había 10 transformado en un mar huracanada, y nosotros, en dos náufragos. Ibamos siempre empujados de costado, tumbados, cargando veinte litros de agua a cada golpe de ola, ciegos de agua, con la cara dolorida por los latigazos de la lluvia y temblando de frío.

En Misiones, con una tempestad de verano, se pasa muy fácilmente de cuarenta grados a quince, y en un solo cuarto de hora. No se enferma nadie, porque el país es así, pero se muere uno de frío.

Plena mar, en fin. Nuestra única esperanza era la playa 20 de Blosset —playa de arcilla, felizmente—, contra la cual nos precipitábamos. No sé si la canoa hubiera resistido a flote un golpe de agua más ; pero cuando una ola nos lanzó a cinco metros dentro de tierra, nos consideramos bien felices. Aun así tuvimos que salvar la canoa, que bajaba y subía al pajonal como un corcho, mientras nos hundíamos en la arcilla podrida y la lluvia nos golpeaba como piedras.

Salimos de allí ; pero a las cinco cuadras estábamos muertos de fatiga —bien calientes esta vez. ¿Continuar por 30 la playa? Imposible. Y cortar el monte en una noche de tinta, aunque se tenga un Collins en la mano, es cosa de locos.

**...hiciéramos :** el viento impedía remar, dirigirse, actuar... □
**de popa :** por detrás (s.e. viento) □ **borda :** el costado del barco □
**...náufraga :** tumbada, parecía haber sufrido un naufragio □
**cresta :** la del gallo es roja ; aquí, cima de las olas del río □ **por :**
a causa de □ **chal :** echarpe, nueva imagen de la lluvia □ **anudaba :**
unía de nuevo como con un nudo □ **fulminante :** tan rápida como
el rayo ; verbo sobreentendido □ **da fondo...brazas :** medida # seis
pies ; el río es tan profundo que el ancla no llegaría
**huracanada** < huracán : viento violento, ciclón


**ciegos de agua :** el agua nos impedía ver □ **latigazos** < látigo + azo,
golpes dados con un azote o correa
**verano :** de Diciembre a Marzo ¡ en el hemisferio Sur !


**se enferma** < enfermar, contraer enfermedad, ponerse malo


**plena mar** o pleamar : marea alta
**arcilla :** barro, tierra empapada en agua (vale para cerámica)


**a flote :** flotando o flotante ⊘ **resistir** un golpe □ **...más :** con un
nuevo golpe la canoa se hubiera hundido en el agua
**tuvimos** < tener que, obligación
**pajonal :** terreno cubierto de pajón o esparto □ **corcho :** tapón de
una botella, es muy ligero y flota


**a las cinco cuadras :** después de recorrer 5 cuadras (la cuadra
equivale a unos cien metros □ **calientes** < calor
**tinta :** sirve para escribir y suele ser negra > noche oscura
**Collins :** ¿arma? □ **es cosa de locos :** es una locura

Esto hicimos, no obstante. Alguien ladró de pronto —o, mejor, aulló; porque los perros de monte sólo aúllan—, y tropezamos con un rancho. En el rancho habría, no muy visibles a la llama del fogón, un peón, su mujer y tres chiquilines. Además, una arpillera tendida como hamaca, dentro de la cual una criatura se moría con un ataque cerebral.

—¿Qué tiene? —preguntamos.

—Es un daño— respondieron los padres, después de
10 volver un instante la cabeza a la arpillera.

Estaban sentados, indiferentes. Los chicos, en cambio, eran todo ojos hacia afuera. En ese momento, lejos, cantó el yaciyateré. Instantáneamente los muchachos se taparon cara y cabeza con los brazos.

—¡Ah! El yaciyateré —pensamos—. Viene a buscar al chiquilín. Por lo menos lo dejará loco.

El viento y el agua habían pasado, pero la atmósfera estaba muy fría. Un rato después, pero mucho más cerca, el yaciyateré cantó de nuevo. El chico enfermo se agitó en
20 la hamaca. Los padres miraban siempre el fogón, indiferentes. Les hablamos de paños de agua fría en la cabeza. No nos entendían, ni valía la pena, por lo demás. ¿Qué iba a hacer eso contra el yaciyateré?

Creo que mi compañero había notado, como yo, la agitación del chico al acercarse el pájaro. Proseguimos tomando mate, desnudos de cintura arriba, mientras nuestras camisas humeaban secándose contra el fuego. No hablábamos; pero en el rincón lóbrego se veían muy bien los ojos espantados de los muchachos.
30 Afuera, el monte goteaba aún. De pronto, a media cuadra escasa, el yaciyateré cantó. La criatura enferma respondió con una carcajada.

**no obstante:** *pourtant* □ **ladró:** el perro ladra, pero alguien representa una persona □ **aúllan** con voz prolongada y triste

**tropezamos con:** descubrimos □ **rancho:** casa pobre de ramas o paja □ **fogón** < fuego □ **peón:** trabaja en una hacienda

**arpillera:** tejido grosero para hacer sacos ☑ **una hamaca** □ **criatura:** niño pequeño □ **ataque:** crisis, manifestación brutal de una enfermedad

**qué:** interrogativo lleva acento □ **preguntamos:** pretérito

**daño:** (A.L.) maleficio, mal de ojo; es una superstición

**a:** en dirección a

☑ **estaban sentados** ≠ **eran...ojos:** siempre ser con un sustantivo atributo ☑ **todo ojos:** miraban intensamente

**se taparon:** se disimularon, ocultaron


**pensamos:** pretérito □ **al** delante de un nombre de persona

**por lo menos:** lo menos grave que puede pasar es que se vuelva loco; manera de sugerir la muerte posible

**rato:** momento, espacio de tiempo corto

**cantó de nuevo:** volvió a cantar

**padres:** el padre y la madre (los tíos: el tío y la tía)

**paños:** trozos de tela mojados para calmar la fiebre

☑ **ni:** y no □ **por lo demás:** además, aparte de eso

**qué iba...**qué haría

**compañero:** el que vino conmigo en la canoa

**al...cuando...**

**mate:** infusión de hierba que se prepara en el mate o calabaza □ **...arriba:** con el torso desnudo □ **humeaban:** echaban vapor por la evaporación del agua □ **lóbrego:** oscuro y triste

**espantados:** llenos de temor

**monte:** montaña o bosque □ **goteaba:** le caía el agua gota a gota

**a...escasa:** apenas

**carcajada:** risa violenta y ruidosa

Bueno. El chico volaba de fiebre porque tenía una meningitis y respondía con una carcajada al llamado del yaciyateré.

Nosotros tomábamos mate. Nuestras camisas se secaban. La criatura estaba ahora inmóvil. Sólo de vez en cuando roncaba, con un sacudón de cabeza hacia atrás.

Afuera, en el bananal esta vez, el yaciyateré cantó. La criatura respondió en seguida con otra carcajada. Los muchachos dieron un grito y la llama del fogón se apagó.

10 A nosotros, un escalofrío nos corrió de arriba abajo. Alguien, que cantaba afuera, se iba acercando, y de esto no había duda. Un pájaro; muy bien, y nosotros lo sabíamos. Y a ese pájaro que venía a robar o enloquecer a la criatura, la criatura misma respondía con una carcajada a cuarenta y dos grados.

La leña húmeda llameaba de nuevo, y los inmensos ojos de los chicos lucían otra vez. Salimos un instante afuera. La noche había aclarado, y podríamos encontrar la picada. Algo de humo había todavía en nuestras camisas; pero 20 cualquier cosa antes que aquella risa de meningitis...

Llegamos a las tres de la mañana a casa. Días después pasó el padre por allí, y me dijo que el chico seguía bien, y que se levantaba ya. Sano, en suma.

Cuatro años después de esto, estando yo allá, debí contribuir a levantar el censo de 1914, correspondiéndome el sector Yabebirí-Teyucuaré. Fui por agua, en la misma canoa, pero esta vez a simple remo. Era también de tarde.

Pasé por el rancho en cuestión y no hallé a nadie. De vuelta, y ya al crepúsculo, tampoco vi a nadie. Pero veinte 30 metros más adelante, parado en el ribazo del arroyo y contra el bananal oscuro, estaba un muchacho desnudo, de siete a ocho años. Tenía las piernas sumamente flacas —los

**volaba (de fiebre) :** como el pájaro ; hipérbole significativa
**llamado** (A.L.) : llamamiento

**tomar mate :** suele hacerse sorbiendo el mate con un tubo delgado o "bombilla" (A.L.)
**roncaba :** hacía ruido al respirar □ **sacudón** (A.L.) : sacudida violenta
**bananal** (A.L.) : lugar poblado de bananos < banana ; esp. : plátano □ **en seguida :** inmediatamente después
**dieron** < dar □ sin la **llama** del fuego se quedaron a oscuras
**escalofrío :** temblor debido al horror □ **...abajo :** por todo el cuerpo
**alguien :** mismo efecto extraño que más arriba
**no había duda :** era indudable ☒ **la** duda
**robar :** raptar □ **enloquecer :** volverle loco a uno
**cuarenta y dos grados :** desde luego es mucha fiebre...

**leña :** trozos de tronco para hacer fuego □ **llameaba :** ardía
**lucían :** brillaban □ **salimos :** pretérito de salir
**aclarado,** era más clara □ **picada** (A.L.), senda estrecha
**algo de :** un poco
**cualquier cosa...**todo menos quedarse ahí oyendo esa risa □ **antes que :** *plutôt que* □ **llegamos a casa :** volvimos a nuestra casa
**seguía bien :** estaba mejar
**sano** ≠ enfermo □ **en suma :** resumiendo lo ya dicho
**estando yo :** como yo estaba □ **allá** porque está muy lejos
**levantar el censo :** hacer la estadística de la población
**Yabebirí :** río que desemboca en el Paraná □ **por :** en busca de
**a simple remo :** sin vela □ **también :** como la vez pasada
**no hallé a nadie :** estaba vacío el rancho □ **de vuelta :** al volver
**tampoco vi :** no vi tampoco ☒ **a nadie**
**parado** (A.L.) : de pie □ **ribazo :** talud □ **arroyo :** riachuelo

**sumamente :** muy □ **flacas** ≠ gordas

133

muslos más aún que las pantorrillas— y el vientre enorme. Llevaba una vara de pescar en la mano derecha, y en la izquierda sujetaba una banana a medio comer. Me miraba inmóvil, sin decidirse a comer ni a bajar del todo el brazo.

Le hablé, inútilmente. Insistí aún, preguntándole por los habitantes del rancho. Echó, por fin, a reír, mientras le caía un espeso hilo de baba hasta el vientre. Era el muchacho de la meningitis.

Salí de la ensenada: el chico me había seguido furtivamente hasta la playa, admirando con abiertos ojos mi canoa. Tiré los remos y me dejé llevar por el remanso, a la vista siempre del idiota crepuscular, que no se decidía a concluir su banana por admirar la canoa blanca.

**muslos :** *cuisses* □ **pantorrillas :** *mollets*

**vara :** rama delgada de árbol □ **de pescar :** para pescar los peces del río □ **a medio comer :** medio comida

**del todo :** completamente

**preguntándole por :** informándome, tomando informes sobre

**echó a reír :** soltó la carcajada, rompió a reír

**hilo de baba :** le salía la saliva de la boca, en un chorro finito e ininterrumpido

**furtivamente :** a escondidas, disimulándose

**tiré :** solté, abandoné □ **remanso** ≠ corriente rápida

**a la vista de :** sin dejar de mirar al chico

**por :** porque admiraba

# Grammaire au fil des nouvelles

*Traduisez les phrases suivantes inspirées du texte (le premier chiffre renvoie aux pages, les suivants aux lignes) :*

**Quand *on* voit un enfant rire comme un fou...** ("on" expression du narrateur ; nom de personne compl. d'objet. 124,1 et 2).

**Le fleuve coule *en direction du* golfe** (sens du courant. 126,9.10).

**Un soir d'été à cinq heures nous allâmes, un ami et *moi,* essayer une voile neuve** (*ir* + prép. *a* ; pronom sujet. 124,12 et 18).

**Il *n'*y avait *pas* le plus léger souffle de vent** (124,24).

**Rien de plus difficile que *de* ramer dans *cette* atmosphère-là, après cinq jours de vent** ("de" explétif ; démonstratif. 124,25.26 et 28).

**Des falaises *le long desquelles* pendent des lianes** (préposition. 126,1.2).

***Nous avons attendu* accroupis au bord de l'eau, à l'abri d'un bloc de pierre** (126,13.14.15).

**Il y avait *déjà* des vagues mais pas une feuille *ne* bougeait *encore*** (place de *ya* ; négation ; accent. 126,23 et 24).

**La voile s'envola *sans que* le canot ait senti la secousse** (*sin que* + subj. c. de t. 126,30).

**Le fleuve *était* blanc *à cause de* la pluie** (état passager ; prép. causale. 128,5).

**Deux naufragés *au* visage meurtri par *les coups de* fouet de la pluie** (prép. ; suffixe. 128,11.13 et 14).

***Personne ne* tombe malade, mais *on* y meurt de froid** (place de la négation et du pronom ; trad. de "on". 128,17).

**Je ne *sais* pas *si* le canot aurait résisté à un nouveau paquet de mer** (v. irrégulier ; "si" + plus-que-parfait du subj. 128,21).

**Les parents répondirent *après avoir tourné* un instant la tête vers le hamac** (infinitif présent. 130,9).

***Que* pourraient faire les compresses d'eau froide contre le maléfice ?** (accent sur le pr. interrogatif ; attention à l'accord avec le sujet pluriel. 130,23).

**J'allai chercher de l'eau** (132,26).

## Juan Rulfo
(Mexicano 1918-1986)

# EL DÍA DEL DERRUMBE

Juan Rulfo nació en un pueblo del estado de Jalisco, "un estado muy pobre" de paisaje seco, abrupto y "gente hermética", cuando no se había terminado aún la Revolución Mexicana de 1910. Además, de 1926 a 1928 en los estados del Noroeste se desarrolló la Revolución Cristera, guerra intestina contra el gobierno federal a causa de un decreto que limitaba las prerrogativas del clero.

En los primeros años de esta guerra Juan Rulfo perdió a su padre que murió asesinado; seis años después perdió a su madre. Pasó varios años en el orfanato, estudió contabilidad; a consecuencia de una huelga en la Universidad de Guadalajara (¡ Que duró tres años !) se mudó a México. En la capital llevó una vida ambulante de empleos precarios, estudió algo de derecho, fue empleado en el Departamento de Inmigración, en la televisión, en el Instituto indigenista...

No se sabe muy bien cómo llegó a la literatura : compuso primero una enorme novela que luego destruyó ; a partir de 1945 los cuentos que habían de constituir *El Llano en Llamas* (1953) y en 1955 su admirable novela *Pedro Páramo*. Dos libros breves, densos que bastan para situarle entre los mejores escritores latinoamericanos.

*El Día del Derrumbe* que no figuraba en la primera edición de *El Llano en Llamas* desempeña un papel aparte en el libro notablemente trágico, por su carácter humorístico. La realidad dolorosa del temblor de tierra y del cinismo de las autoridades se convierte en una farsa enorme narrada por Melitón y su cómplice en una lengua sabrosa llena de modismos graciosos.

—Esto pasó en septiembre. No en el septiembre de este año sino en el del año pasado. ¿O fue el antepasado, Melitón?

—No, fue el pasado.

—Sí, sí yo me acordaba bien. Fue en septiembre del año pasado, por el día veintiuno. Óyeme, Melitón, ¿no fue el veintiuno de septiembre el mero día del temblor?

—Fue un poco antes. Tengo entendido que fue por el dieciocho.

10 —Tienes razón. Yo por esos días andaba en Tuzcacuexco. Hasta vi cuando se derrumbaron las casas como si estuvieran hechas de melcocha, nomás se retorcían así, haciendo muecas y se venían las paredes enteras contra el suelo. Y la gente salía de los escombros toda aterrorizada corriendo derecho a la iglesia dando de gritos. Pero espérense. Oye, Melitón, se me hace como que en Tuzcacuexco no existe ninguna iglesia. ¿Tú no te acuerdas?

—No la hay. Allí no quedan más que unas paredes
20 cuarteadas que dicen fue la iglesia hace algo así como doscientos años ; pero nadie se acuerda de ella, ni de cómo era ; aquello más bien parece un corral abandonado plagado de higuerillas.

—Dices bien. Entonces no fue en Tuzcacuexco donde me agarró el temblor, ha de haber sido en El Pochote. ¿Pero El Pochote es un rancho, no?

—Si, pero tiene una capillita que allí le dicen la iglesia, está un poco más allá de la hacienda de Los Alcatraces.

—Entonces fue allí ni más ni menos donde me agarró el
30 temblor ese que les digo y cuando la tierra se pandeaba todita como si por dentro la estuvieran rebullendo. Bueno, unos pocos días después ; porque me acuerdo que todavía

138

**esto, este año** : demostrativos del relato en presente ⊠ **no...sino**
**el** : s.e. septiembre □ **antepasado** : penúltimo ; como sustantivo
**antepasado** significa abuelo, ascendiente


**sí**, con acento para afirmar □ **acordaba** : tiempo inadecuado
**por** : durante
**mero** : mismo, vulgarismo frecuente en México □ **temblor** : s.e. de
tierra (A.L.) : terremoto □ **tengo** : empleado como auxiliar : he


**andaba** : aquí, estaba (> en) □ **Tuzcacuexco** : ¿ lugar inventado ?
**hasta** : *même* □ **se derrumbaron** : cayeron ⊠ **como si** + imp. subj.
**melcocha** : pasta de miel □ **nomás** (Mex.) : no hacían mas que...
**muecas** : contorsiones □ **se venían...suelo** : las paredes se caían
brutalmente □ **escombros** : cascotes que quedan de un edificio
arruinado □ **dando de gritos** : gritando repetidamente
**espérense** : imperativo ; el plural sugiere un corro de oyentes □
**se me hace como que** : tengo la impresión de que, se me ocurre que


**no la hay** : traducción habitual de *en* □ **no...más que** : sólo
**cuarteadas** : divididas en cuatro partes, rotas del todo □ **hace algo**
**así como** : hace unos... □ **se acuerda** < acordarse de
**corral** : terreno destinado a la crianza del ganado
**plagado de** : lleno de < plaga = calamidad □ **higuerillas** : ricinos
**dices bien** : exacto
**me agarró** : me sorprendió □ **ha de haber sido** : debió de ser
**el Pochote** : topónimo desconocido < pochote (árbol) □ **rancho** :
granja donde se cría ganado □ **le dicen** : llaman, nombran
**más allá de** : después de □ **hacienda** : finca □ **Alcatraces** : n. propio ;
el alcatraz es un ave □ **ni más ni menos** : precisamente
**el temblor ese** : ese temblor □ **se pandeaba** : se curvava
**todita** : dim. frecuente en Mex. □ **...rebullendo** : parecía que estaban
meneando, revolviendo la tierra por dentro

139

estábamos apuntalando paredes, llegó el gobernador; venía a ver qué ayuda podía prestar con su presencia. Todos ustedes saben que nomás con que se presente el gobernador, con tal de que la gente lo mire, todo se queda arreglado. La cuestión está en que al menos venga a ver lo que sucede, y no que se esté allá metido en su casa, nomás dando órdenes. En viniendo él, todo se arregla, y la gente, aunque se le haya caído la casa encima, queda muy contenta con haberlo conocido. ¿O no es así, Melitón?

10    —Eso que ni qué.

—Bueno, como les estaba diciendo, en septiembre del año pasado, un poquito después de los temblores cayó por aquí el gobernador para ver cómo nos había tratado el terremoto. Traía geólogo y gente conocedora, no crean ustedes que venía solo. Oye, Melitón, ¿como cuánto dinero nos costó darles de comer a los acompañantes del gobernador?

—Algo así como cuatro mil pesos.

—Y eso que nomás estuvieron un día y en cuanto se les 20 hizo de noche se fueron, si no, quién sabe hasta qué alturas hubiéramos salido desfalcados, aunque eso sí, estuvimos muy contentos: la gente estaba que se le reventaba el pescuezo de tanto estirarlo para poder ver al gobernador y haciendo comentarios de cómo se había comido el guajolote y de que si había chupado los huesos, y de cómo era de rápido para levantar una tortilla tras otra rociándolas con salsa de guacamole; en todo se fijaron. Y él tan tranquilo, tan serio, limpiándose las manos en los calcetines para no ensuciar la servilleta que sólo le sirvió para 30 espolvorearse de vez en cuando los bigotes. Y después cuando el ponche de granada se les subió a la cabeza, comenzaron a cantar todos en coro. Oye, Melitón, ¿cuál fue

**...apuntalando :** estábamos reforzando, sosteniendo paredes con maderos hincados en el suelo □ **prestar ayuda :** auxiliar
**nomás :** simplemente
☑ **con tal de que :** con la condición de que □ **lo mire :** lo vea □
**...arreglado :** está solucionado □ **está en que :** consiste en que □
**venga** < venir □ **...metido :** que se quede encerrado en su casa sin salir ☑ **en (viniendo él),** *dès que, du moment que* ☑ **aunque...encima :** incluso si la casa se le cayó encima □ **con haberlo conocido :** le basta conocerlo para estar contenta
**que ni qué :** forma elíptica : ni que discutir, de eso no cabe duda

**temblores :** terremotos □ **cayó** < caer : apareció, se presentó

**traía :** llevaba como acompañantes a □ **conocedora :** competente
**¿cómo cuánto...costó? :** ¿qué cantidad aproximada de dinero tuvimos que dar?

**algo así como :** alrededor de □ **pesos :** unidad monetaria
**y eso que :** *et pourtant* □ **en cuanto :** en seguida cuando □ **se les hizo de noche :** anocheció □ **qué alturas :** qué cantidad de dinero
**desfalcados :** robados, estafados
**estaba...reventaba :** por poco estallaba
**pescuezo :** cuello □ **de tanto :** a fuerza de □ **estirarlo :** alargarlo
**de cómo :** acerca de la manera como
**guajolote** (Mex.) pavo □ **había chupado :** había roído hasta el menor trozo de carne □ **levantar :** apoderarse de ☑ **tortilla :** *galette* (Mex.)
**...salsa :** con la tortilla de maíz, como hacemos con el pan, recogía la salsa □ **guacamole :** salsa hecha con aguacate, cebolla, chile... □
**calcetines :** *chaussettes* □ **...servilleta :** para no mancharla
**espolvorearse :** quitarse el polvo de □ **bigotes :** mostacho
**ponche :** bebida hecha con licor y algún perfume de fruta
**en coro :** a coro, todos juntos

la canción esa que estuvieron repite y repite como disco rayado?

—Fue una que decía : « No sabes del alma las horas de luto. »

—Eres bueno para eso de la memoria, Melitón, no cabe duda. Sí, fue ésa. Y el gobernador nomás reía ; pidió saber dónde estaba el cuarto de baño. Luego se sentó nuevamente en su lugar, olió los claveles que estaban sobre la mesa. Miraba a los que cantaban, y movía la cabeza, llevando el 10 compás, sonriendo. No cabe duda que se sentía feliz, porque su pueblo era feliz, hasta se le podía adivinar el pensamiento. Y a la hora de los discursos se paró uno de sus acompañantes que tenía la cara alzada un poco borneada a la izquierda. Y habló. Y no cabe duda de que se las traía. Habló de Juárez que nosotros teníamos levantado en la plaza y hasta entonces supimos que era la estatua de Juárez, pues nunca nadie nos había podido decir quién era el individuo que estaba encaramado en el monumento aquel. Siempre creíamos que podía ser 20 Hidalgo o Morelos o Venustiano Carranza, porque en cada aniversario de cualquiera de ellos, allí les hacíamos su función. Hasta que el catrincito aquel nos vino a decir que se trataba de don Benito Juárez. ¡Y las cosas que dijo! ¿No es verdad, Melitón? Tú que tienes tan buena memoria te has de acordar bien de lo que recitó aquel fulano.

—Me acuerdo muy bien ; pero ya lo he repetido tantas veces que hasta resulta enfadoso.

—Bueno, no es necesario. Sólo que estos señores se pierden de algo bueno. Ya les dirás mejor lo que dijo el 30 gobernador.

« La cosa es que aquello, en lugar de ser una visita a los dolientes y a los que habían perdido sus casas, se convirtió

142

**...repite** : que repitieron sin parar, muchas veces □ **disco rayado** : cubierto de rayas, estropeado por el uso

**fue una** s.e. canción

**...luto** : no sabes las horas de luto (es decir de duelo, de dolor) del alma ; efecto humorístico □ **eso de** : estilo hablado, tú tienes buena memoria □ **...duda** : no hay la menor duda (<u>la</u> duda) □ **pidió saber** : preguntó □ **cuarto de baño** : lavabo □ **...nuevamente** : se volvió a sentar □ **en su lugar** : en su sitio □ **claveles** : *œillets*

**llevando el compás** : marcando el ritmo

**era feliz** : <u>estaba</u> contento ⊠ **se le...el pensamiento** : otra manera de expresar el posesivo □ **se paró** (A.L.), se puso en pie

**alzada** : levantada

**borneada** (Mex.) : ladeada, de través

**se las traía** : era extraordinario □ **Juárez**, 1806-1872, de origen indio, Presidente en 1861 □ **levantado** : erguido, en pie

**...Juárez** : sólo entonces identificamos al personaje representado en la estatua □ **encaramado** : subido ahí arriba

**Hidalgo,** 1753-1810, el famoso cura héroe de la Independencia de México (1810) □ **Morelos,** mestizo, otro libertador □ **Carranza,** revolucionario, Presidente en 1917, asesinado en 1920 □ **función** : fiesta □ **catrincito** < catrín (Mex.) : joven elegante, petimetre algo ridículo □ **Juárez** (cf. l. 6) reformador, una de las grandes figuras de la Historia hispanoamericana □ **te has de acordar** : debes de acordarte □ **fulano** : individuo

**hasta** : aun □ **enfadoso** : fastidioso

**sólo que** : *seulement* □ **estos señores** : los oyentes anónimos de todo este diálogo □ **de** : expletivo ⊠ **ya** : afirmativo (≠ l. 26)

**la cosa es que** : *le fait est que* □ **aquello** : la visita del Gobernador

**dolientes** : afectados por una desgracia, víctimas

en una borrachera de las buenas. Y ya no se diga cuando entró al pueblo la música de Tepec, que llegó retrasada por eso de que todos los camiones se habían ocupado en el acarreo de la gente del gobernador y los músicos tuvieron que venirse a pie; pero llegaron. Entraron sonándole duro al arpa y a la tambora, haciendo tatachum, chum, chum, con los platillos, arreándole fuerte y con ganas al *Zopilote mojado*. Aquello estaba de haberse visto, hasta el gobernador se quitó el saco y se desabrochó la corbata, y
10 la cosa siguió de refilón. Trajeron más damajuanas de ponche y se dieron prisa en tatemar más carne de venado, porque aunque ustedes no lo quieran creer y ellos no se dieran cuenta, estaban comiendo carne de venado del que por aquí abunda. Nosotros nos reíamos cuando decían que estaba muy buena la barbacoa, ¿o no, Melitón?, cuando por aquí no sabemos ni lo que es eso de barbacoa. Lo cierto es que apenas les servíamos un plato y ya querían otro y ni modo, allí estábamos para servirlos; porque como dijo Liborio, el administrador del Timbre, que entre paréntesis
20 siempre fue muy agarrado, "no importa que esta recepción nos cueste lo que nos cueste que para algo ha de servir el dinero" y luego tú, Melitón, que por ese tiempo eras presidente municipal, y que hasta te desconocí cuando dijiste: "que se chorrié el ponche, una visita de éstas no se desmerece". Y así, se chorrió al ponche, ésa es la pura verdad; hasta los manteles estaban colorados. Y la gente aquella que parecía no tener llenadero. Sólo me fijé que el gobernador no se movía de su sitio; que no estiraba ni la mano, sino que sólo comía y bebía lo que le arrimaban;
30 pero la bola de lambiscones se desvivía por tenerle la mesa tan llena que hasta ya no cabía ni el salero que él tenía en la mano y que cuando lo desocupaba se lo metía en la bolsa

**borrachera** : ebriedad ☐ **de las buenas** : muy grande ☐ **y ya no se diga** : y fue peor aún cuando ☐ **Tepec** : topónimo? ☐ **retrasada** : vino muy tarde

**acarreo** : transporte ☐ **la gente** : los acompañantes

**sonándole duro al arpa** : haciéndola sonar fuerte

**tambora** (Mex.) : tambor grande

**platillos** : címbalos ☐ **...ganas** : tocando muy de prisa y con ánimo ☐ **zopilote** : ave rapaz ; es una canción muy rítmica de Jalisco

**saco** : chaqueta ☐ **...corbata** : soltó el nudo que le apretaba el cuello

**de refilón** : adelante ☐ **damajuanas** : garrafas de vidrio

**tatemar** (Mex.) : asar carne ☐ **venado** : nombre de varios cérvidos americanos ☐ **aunque** + subj. : *même si*

**...cuenta** : aunque parezca increíble ; ellos no se daban cuenta de nada por borrachos o por ignorantes

**barbacoa** (Mex.) : carne asada en la barbacoa, suerte de parrilla ; el método viene de los Indios y está muy de moda ahora

**apenas...ya** : *à peine...que déjà* ☐ **ni...**

**modo** : forma elíptica ; era imposible hacer de otra manera

**timbre** : sello que se pone en los documentos públicos

**agarrado** : avaro

**...cueste** < costar : no hay que mirar por el gasto

**y luego tú** : frase elíptica, tuviste la misma actitud

**te desconocí** : no te reconocí

☒ **dijiste** < decir ☐ **"chorrié"** : que corra ; forma adulterada < chorrear ☐ **no se desmerece** : hay que estar a la altura

**mantel** : tela con que se cubre la mesa para comer ☐ **colorados** : rojos ☐ **...llenadero** : seguían comiendo glotonamente ☐ **me fijé** : noté ☐ **no estiraba ni la mano** : ni siquiera estiraba la mano

**bola** (Mex.) : grupo bullicioso ☐ **lambiscones** : aduladores ☐ **se desvivía** : trabajaba mucho

**no cabía ni el salero** : no quedaba espacio suficiente ☐ **salero** < **la sal** : *le sel* ☐ **desocupaba** : soltaba ☐ **bolsa** (A.L.) : bolsillo de la camisa. Hasta yo fui a decirle: "¿no gusta sal, mi general?", y él me enseñó riendo el salero que tenía en la bolsa de la camisa, por eso me di cuenta.

« Lo grande estuvo cuando él comenzó a hablar. Se nos enchinó el pellejo a todos de la pura emoción. Se fue enderezando, despacio, muy despacio, hasta que lo vimos echar la silla hacia atrás con el pie; poner sus manos en la mesa; agachar la cabeza como si fuera a agarrar vuelo y luego su tos, que nos puso a todos en silencio. ¿Qué fue lo
10 que dijo, Melitón?

—« Conciudadanos —dijo—. Rememorando mi trayectoria, vivificando el único proceder de mis promesas. Ante esta tierra que visité como anónimo compañero de un candidato a la Presidencia, cooperador omnímodo de un hombre representativo, cuya honradez no ha estado nunca desligada del contexto de sus manifestaciones políticas y que sí, en cambio, es firme glosa de principios democráticos en el supremo vínculo de unión con el pueblo, aunando a la austeridad de que ha dado muestras la síntesis evidente
20 de idealismo revolucionario nunca hasta ahora pleno de realizaciones y de certidumbre. »

—Allí hubo aplauso, ¿o no, Melitón?

—Sí, muchos aplausos. Después siguió:

« Mi trazo es el mismo, conciudadanos. Fui parco en promesas como candidato, optando por prometer lo que únicamente podía cumplir y que al cristalizar, tradujérase en beneficio colectivo y no en subjuntivo, ni participio de una familia genérica de ciudadanos. Hoy estamos aquí presentes, en este caso paradojal de la naturaleza, no
30 previsto dentro de mi programa de gobierno.

« —¡Exacto, mi general! —gritó uno de por allá— ¡Exacto! Usted lo ha dicho.

**¿no gusta sal?** : ¿no le gusta la sal?
**me enseñó** : me mostró □ **riendo** < reír


**lo grande estuvo** : lo bueno, lo gracioso fue cuando...
**se...el pellejo** (Mex.) : se nos erizaron los pelos de la piel
**enderezando** : levantando □ **despacio** : lentamente
**...hacia atrás** : la tiró, la derribó
**agarrar vuelo** : echarse a volar como un avé
**tos** : *toux* □ **puso** < poner


**conciudadanos** : habitantes de una misma ciudad o nación
**proceder** : comportamiento, conducta ; la frase no tiene ningún
sentido lógico ; parodio de discurso oficial, ampuloso
**cooperador** : colaborador □ **omnímodo** : absoluto, total
**honradez** : integridad
**desligada** : separada
**sí, en cambio** : *en revanche* □ **glosa** : comentario
**vínculo** : lazo □ **aunando** < uno : combinando
**de que ha dado muestras** : que ha manifestado
**pleno** : lleno
**certidumbre** : seguridad, evidencia
**aplauso** < aplaudir : palmotear en señal de aprobación


**trazo** : línea de conducta □ **parco en** : moderado, sobrio


**cumplir** (una promesa) : realizar □ **tradujérase** = se tradujera <
traducirse □ **subjuntivo, participio...** frase rebuscada que en
realidad no significa nada
**paradojal** : galicismo por paradójico
**previsto** < prever
**uno de por allá** : uno de los que vinieron de lejos con el Gobernador


147

« ...En este caso, digo cuando la naturaleza nos ha castigado, nuestra presencia receptiva en el centro del epicentro telúrico que ha devastado hogares que podían haber sido los nuestros, que son los nuestros; concurrimos en el auxilio, no con el deseo neroniano de gozarnos en la desgracia ajena, más aún, inminentemente dispuestos a utilizar munificamente nuestro esfuerzo en la reconstrucción de los hogares destruidos, hermanalmente dispuestos en los consuelos de los hogares menoscabados por la
10 muerte. Este lugar que yo visité hace años, lejano entonces a toda ambición de poder, antaño feliz, hogaño enlutecido, me duele. Sí, conciudadanos, me laceran las heridas de los vivos por sus bienes perdidos y la clamante dolencia de los seres por sus muertos insepultos bajo estos escombros que estamos presenciando. »

—Allí también hubo aplausos, ¿verdad, Melitón?

—No, allí volvió a oírse el gritón de antes : «¡Exacto, señor gobernador! Usted lo ha dicho.» Y luego otro de más acá que dijo : «¡Callen a ese borracho!»

20 —Ah, sí. Y hasta pareció que iba a haber un tumulto en la mera cola de la mesa, pero todos se apaciguaron cuando el gobernador habló de nuevo.

« Tuzcacuenses, vuelvo a insistir : me duele vuestra desgracia, pues a pesar de lo que decía Bernal, el gran Bernal Díaz del Castillo : "Los hombres que murieron habían sido contratados para la muerte", yo, en los considerandos de mi concepto ontológico y humano, digo : ¡me duele! con el dolor que produce ver derruido el árbol en su primera inflorescencia. Os ayudaremos con nuestro
30 poder. Las fuerzas vivas del Estado desde su faldisterio claman por socorrer a los damnificados de esta hecatombe nunca predecida ni deseada. Mi regencia no terminará sin

148

**digo**: quiero decir □ **nos ha castigado**: infligido un daño

**epicentro telúrico**: centro de propagación del temblor de tierra □
**hogares**: casas ☑ **podían haber sido**: hubieran posido ser □
**concurrimos**: cooperamos □ **auxilio**: ayuda □ **neroniano** < Nerón,
emperador romano □ **gozarnos**: alegrarnos de
**muníficamente** < munífico: generoso
**hermanalmente**: fraternalmente □ **dispuesto** < disponer
**menoscabados**: deteriorados
**lejano**: que está lejos ≠ cercano
**antaño**: antiguamente □ **hogaño**: este año ≠ antaño; poco
empleado □ **enlutecido**: < luto: *deuil*; forma correcta: enlutado
□ **...heridas**: me duelen las lesiones, los traumatismos □ **dolencia**
< doler: sufrimiento □ **...escombros**: los muertos yacen sin
sepultura bajo los cascotes de las casas derribadas por el temblor

**gritón** (fam.): que grita mucho, que vocifera
**de más acá**: de aquí cerca ≠ de por allá (página anterior)
**callen**: hagan callar □ **ese**: peyorativo □ **borracho**: que ha bebido
demasiado
**mera**: misma □ **cola**: aquí el extremo de la mesa □ **se apaciguaron**:
se calmaron
**Tuzcacuenses**: habitantes de Tuzcacuexco
**desgracia**: infortunio □ **a pesar de**: *malgré*
**Bernal Díaz del Castillo**, 1492-1581, soldado, compañero de
Hernán Cortés; famoso cronista de la Conquista de México □
**contratados** < contrato □ **considerandos**: explicación de un texto
de ley □ **derruido**: derribado, arruinado
☑ **os**: 2nda persona del plural
**faldisterio**: asiento de los obispos (forma correcta faldistorio)
**damnificados**: víctimas de un cataclismo
**predecida** < predecir; la forma correcta sería predicha

haberos cumplido. Por otra parte, no creo que la voluntad de Dios haya sido la de causaros detrimento, la de desaposentaros...»

—Y allí terminó. Lo que dijo después no me lo aprendí porque la bulla que se soltó en las mesas de atrás creció y se volvió rete difícil conseguir lo que él siguió diciendo.

—Es muy cierto, Melitón. Aquello estuvo de haberse visto. Con eso les digo todo. Y es que el mismo sujeto de la comitiva se puso a gritar otra vez : «¡ Exacto ! ¡ Exacto ! », con unos chillidos que se oían hasta la calle. Y cuando lo consiguieron callar, sacó la pistola y comenzó a darle de chacamota por encima de su cabeza, mientras la descargaba contra el techo. Y la gente que estaba allí de mirona echó a correr a la hora de los hechizos. Y tumbó las mesas en la caída que llevaba y se oyó el rompedero de platos y de vidrios y los botellazos que le tiraban al fulano de la pistola para que se calmara, y que nomás se estrellaban en la pared. Y el otro, que tuvo todavía tiempo de meter otro cargador al arma y lo descargaba de nueva cuenta, mientras se ladeaba de aquí para allá escabulléndole el bulto a las botellas voladoras que le aventaban de todas partes.

« Hubieran visto al gobernador allí de pie, muy serio, con la cara fruncida, mirando hacia donde estaba el tumulto como queriendo calmarlo con su mirada.

« Quién sabe quién fue a decirle a los músicos que tocaran algo, lo cierto es que se soltaron tocando el Himno Nacional con todas sus fuerzas, hasta que casi se le reventaba el cachete al del trombón de lo recio que pitaba ; pero aquello siguió igual. Y luego resultó que allá afuera, en la calle, se había prendido también el pleito. Le vinieron a avisar al gobernador que por allá unos se estaban dando de machetazos ; y fijándose bien, era cierto, porque hasta acá

**cumplido** : satisfecho □ **no creo que** + subj. ≠ creo que + indicatif

**desaposentaros** : haceros perder vuestros aposentos o sea casas

**bulla** : tumulto □ **se soltó** : se desencadenó
**rete** : prefijo (re, rete, requete) : muy □ **conseguir** : oír
**cierto** : verdadero
**...visto** (Mex.) : valía la pena verlo ⊘ sujeto : individuo
**comitiva** : acompañamiento
**chillidos** : gritos muy agudos
**consiguieron** < conseguir : lograr □ **darle de chacamota** : hacerla
saltar y dar vueltas □ **la descargaba** : disparaba
**techo** : *plafond* □ **...de mirona** : los que vinieron para mirar, los
curiosos □ **hechizos** : maleficios
**...llevaba** : la gente hizo caer las mesas □ **rompedero** : vulgarismo :
los platos y vasos rotos □ **botellazos** : sufijo **azo,** golpe dado
con □ **fulano** : individuo □ **se estrellaban** : chocaban brutalmente □ **pared** : muro □ **cargador** : para cargar las armas
**de nueva cuenta** : de nuevo
**se ladeaba** : se inclinaba para evitar los botellazos □ **...el bulto** :
eludiendo el riesgo □ **aventaban** (Mex.) : lanzaban
**hubieran visto** : había que ver □ **serio** : grave
**con la cara fruncida** : frunciendo el entrecejo

**quién sabe quién** : no se sabe quién □ **decirle,** por decir<u>les</u>
**se soltaron tocando** : empezaron a tocar
**se le reventaba** : le estallaba □ **el cachete** : las mejillas
**de lo recio que pitaba** : por soplar tan fuerte en el trombón
**se había prendido** : se había encendido
**el pleito** : la disputa
**se estaban dando de** : se estaban pegando
**machetazos** : (cf. l. 6) □ **acá** : aquí

se oían voces de mujeres que decían : ¡Apártenlos que se van a matar! Y al rato otro grito que decía : ¡Ya mataron a mi marido! ¡Agárrenlo! Y el gobernador ni se movía, seguía de pie. Oye, Melitón, cómo es esa palabra que se dice...

—Impávido.

—Eso es, impávido. Bueno, con el argüende de afuera la cosa aquí dentro pareció calmarse. El borrachito del « exacto » estaba dormido ; le habían atinado un botellazo y se había quedado todo despatarrado tirado en el suelo. El
10 gobernador se arrimó entonces al fulano aquel y le quitó la pistola que tenía todavía agarrada en una de sus manos agarrotadas por el desmayo. Se la dio a otro y le dijo : « Encárgate de él y toma nota de que queda desautorizado a portar armas. » Y el otro contestó : « Sí, mi general. »

« La música, no sé por qué, siguió toque y toque el Himno Nacional, hasta que el catrincito que había hablado en un principio, alzó los brazos y pidió silencio por las víctimas. Oye, Melitón, ¿por cuáles víctimas pidió él que todos nos asilenciáramos?
20 —Por las del efipoco.

—Bueno, pues por ésas. Después todos se sentaron, enderezaron otra vez las mesas y siguieron bebiendo ponche y cantando la canción esa de las « horas de luto ».

« Ora me estoy acordando que sí fue por el veintiuno de septiembre el borlote : porque mi mujer tuvo ese día a nuestro hijo Merencio, y yo llegué ya muy noche a mi casa, más bien borracho que buenisano. Y ella no me habló en muchas semanas arguyendo que la había dejado sola con su compromiso. Ya cuando se contentó me dijo que yo no
30 había sido bueno ni para llamar a la comadrona y que tuvo que salir del paso a como Dios le dio a entender.

**apártenlos**: sepárenlos
**al rato**: un momento después
**agárrenlo**: deténganlo (para entregarlo a la policía)
**seguía de pie**: sin sentarse ni intervenir para nada

**impávido**: impasible ☐ **argüende**: enredo, lío
**borrachito**: se usa mucho el diminutivo en México
**le habían atinado**: le habían alcanzado con una botella
**despatarrado**: abierto de piernas
**se arrimó a**: se acercó a

**agarrotadas**: tiesas y rígidas ☐ **desmayo**: *évanouissement*
**encárgate de él**: cuida de él ☐ **desautorizado**: falto de permiso para

**toque y toque**: venga a tocar, cada vez más fuerte

**¿por cuáles víctimas...?**: ¿por qué víctimas...?
**nos asilenciáramos** (Mex.): nos calláramos
**efipoco**: palabra inventada, quizás parodia de epicentro

**enderezaron las mesas**: las pusieron derechas

**ora**: ahora
**borlote**: jaleo
**ya muy noche**: muy tarde por la noche
**buenisano**: bueno y sano, en buen estado de salud y lucidez
**arguyendo** < argüir: dando como argumento
**compromiso**: problema ☐ **se contentó**: se reconcilió conmigo
**comadrona**: mujer que asiste a la que pare o sea da a luz
**salir del paso**: arreglárselas ☐ **...entender**: como pudo

# Grammaire au fil des nouvelles

*Traduisez les phrases suivantes inspirées du texte (le premier chiffre renvoie aux pages, les suivants aux lignes) :*

*C'est* bien là *que* je fus surpris par le tremblement de terre ("c'est...que" ; tourner par l'actif. 138,29).

*Dès que* le gouverneur arrive, tout s'arrange (*en* + gérondif. 140,7).

*Même si* leur maison leur est tombée dessus les gens sont contents de l'avoir connu (140,7 et 8).

*Comme je vous le disais,* le gouverneur atterrit un peu après le tremblement de terre (forme progressive. 140,12 et 13).

*A force* d'étirer le cou pour voir le gouverneur, les gens étaient sur le point d'éclater (*de tanto* + infinitif ; préposition *a.* 140,22 et 23).

*Personne n'*avait *jamais* pu nous dire *qui* était perché sur le monument (négations ; accent de l'interrogation indirecte. 142,18 et 19).

Les musiciens *durent* venir à pied (obligation. 144,4 et 5).

La table était si remplie qu'*il n'y avait même plus de place pour* la salière (verbe *caber.* 144,31).

J'ai été modéré dans mes promesses de candidat (146,24).

Faites taire *cet* ivrogne (148,19).

Citoyens, nous *vous* aiderons de tout notre pouvoir (pronom complément. 148,29).

*Ils se remirent* à pousser des cris que l'*on* entendait jusque dans la rue (itération ; "on". 150,9 et 10).

Les gens qui étaient là par curiosité *se mirent* à courir (150,13).

Quelqu'un alla dire aux musiciens *de jouer* l'hymne national (subjonctif ; concordance des temps. 150,25).

Il y en avait qui se battaient *à grands coups de* machette (suffixe *azo.* 150,31 et 32).

## Ventura García Calderón
(Peruano 1886-1959)

# LA VENGANZA
# DEL CÓNDOR

Ventura García Calderón tuvo dos pasiones : fue un ardiente patriota y quiso que Europa conociera las múltiples facetas de la vida peruana ; fue también un enamorado de Francia y de la cultura francesa. Vivió en París y escribió en francés. Pero no dejó nunca de considerarse como representante de la literatura peruana en nuestro país : 13 volúmenes salieron a luz en Francia, entre los cuales reeditó obras tan famosas como el drama inca *Ollantay*.

Deja múltiples ensayos sobre su país y sobre todo un libro de cuentos que le dieron fama internacional : *La Venganza del Cóndor* (1919) traducido a varios idiomas. Hemos escogido el cuento que da título al conjunto.

El mismo autor reveló en un ensayo *(Gaspar, Melchor y Baltasar)* cómo, teniendo más de veinte años, había dado con la realidad dolorosa de su país : mientras buscaba minas de plata en plena Cordillera de los Andes, camino de Huaraz (a más de 200 kilómetros al noroeste de Lima) se encontró en la abrupta senda con un rebaño de llamas y "aguardaba inmóvil el pastor para escrutar mis aviesos designios. Siendo hombre blanco debo de ser enemigo suyo... Buenos días Taita, Señor, murmura el infeliz, cuando me considero hermano suyo..."

Ese recuerdo imperecedero iba a hacer del autor un "indigenista", uno de los que piensan que un Perú sin Indios pierde su significado histórico.

Nunca he sabido despertar a un indio a puntapiés. Quiso enseñarme este arte triste, en un puerto del Perú, el capitán González, que tenía tan lindo látigo con puño de oro y un jeme de plomo por contera.

— ¡Pedazo de animal! —vociferaba el capitán atusándose los bigotes donjuanescos —. Así son todos estos bellacos. Le ordené que ensillara a las cinco de la mañana, y ya lo ve usted, durmiendo como un cochino a las siete. ¡Yo, que tengo que llegar a Huaraz en dos días!...

10      El indio dormía vestido, a la intemperie, con la cabeza sobre una vieja silla de montar. Al primer contacto del pie se irguió en vilo, desperezándose. Nunca he sabido si nos miran, bajo el castigo, con ira o con acatamiento. Mas como él tardara un tanto en despertar a este mundo de su dolor cotidiano, el militar le rasgó la frente de un latigazo. El indio y yo nos estremecimos : él, por la sangre que goteaba en su rostro como lágrimas ; yo, porque llevaba todavía en el espíritu prejuicios sentimentales de bachiller. Detuve del brazo a este hombre enérgico y evité la segunda
20 hemorragia.

— ¡Badajo! —repetía el verdugo, mirándome con ojos severos—. Así hay que tratar a estos bárbaros. Usted no sabe, doctor.

El capitán González me había conferido el grado universitario al ver mis botas relucientes, mi poncho nuevo, que no curtieron los vientos, y estas piedades cándidas de limeño. Anoche mismo, después de ganarme, en la pobre fonda del puerto, cinco libras peruanas al chaquete, me adoptaba ya con una sonrisa paternal, diciendo : « ¡ Pues
30 hacemos juntos el viaje hasta Huaraz, doctorcito ! Ya verá usted cómo se divierte con mi palurdo, un indio bellaco que en todas las chozas tiene comadres. Estuvo el año pasado

156

**despertar** : interrumpir el sueño □ **a puntapiés** : golpeándolo con el pie □ el **puerto** permite pasar entre montañas □ **el capitán quiso...** el **látigo** sirve para castigar

**jeme** : distancia entre el pulgar y el índice muy apartados : 15 cm □ **contera** : pedazo de metal en la punta del látigo □ **...animal** : cretino □ **atusándose...donjuanescos** : como un seductor se alisaba los pelos del bigote □ **bellaco** : hombre astuto y taimado, pícaro ☑ **le ordené que ensillara** : que le pusiera la silla al caballo **Huaraz** : capital de provincia en la Cordillera de los Andes

**silla de montar** : aparejo para montar a caballo
**se irguió** < erguirse : se levantó □ **en vilo** : sin estabilidad □ **desperezándose** : estirando los brazos □ **ira** : cólera □ **acatamiento** : respeto □ **como tardara** : como tardaba, dado que tardaba □ **un tanto** : un poco □ **le rasgó** : le lastimó, le hirió □ **latigazo** : golpe de látigo □ **nos estremecimos** : temblamos (pretérito) ; el estremecimiento □ **goteaba** < gota
**prejuicios** : ideas preconcebidas □ **bachiller** : el tipo mismo del estudiante □ **detuve** < detener : yo impedí que el brazo golpeara...

**badajo** : tonto □ **el verdugo** ejecuta al condenado

**doctor** : podría serlo en derecho, en medicina, etc

**al ver** : cuando vio □ **reluciente** : brillante
**que no curtieron...** : botas y poncho están como nuevos □ **piedad** : compasión □ **limeño** < Lima □ **anoche** : ayer por la noche
**fonda** : pensión, posada □ **libra** : moneda que vale 10 soles □ se juega al **chaquete** con peones y dados
**doctorcito** : el diminutivo se usa mucho en A.L.
**palurdo** : hombre del campo estúpido
**choza** : cabaña □ **comadres** : aquí, mujeres

a mi servicio, y ahora el prefecto, amigo mío, acaba de mandármelo para que sea mi ordenanza. ¡Le tiene un miedo a este chicotillo! »

Tuve que admirar por largo rato el tejido habilísimo de aquel chicotillo de junco que iba estrechándose, al terminar, en un cono de bala. En los flancos de las bestias y de los indios, aquello era sin duda irresistible.

Resonaba otra vez en el patio de la fonda la voz marcial :

10 —¿Y el pellón negro, so canalla? ¡Si no te apuras vas a probar cosa rica!

—¡Ya trayendo, *taita* (padre o señor)!

El indio se hundió en el pesebre en busca del pellón que no vino jamás. Diez, veinte, treinta minutos, que provocaron, en un crescendo de orquesta, la más variada explosión de invectivas : Dios y la Virgen se mezclaban en los labios del capitán a interjecciones criollas como en los ritos de las brujas serranas. Pero el ordenanza y guía insuperable no pudo ser hallado en todo el puerto. Por lo cual, el capitán

20 González se marchó solo, anunciando futuros castigos y desastres.

« No se vaya con el capitán. Es un bárbaro », me había aconsejado el posadero ; y dilaté mi partida pretextando algunas compras. Dos horas después, al ensillar mi soberbia mula andariega, un pellejo de carnero vino a mi encuentro, y de su pelambre polvorienta salió una cabeza despeinada, que murmuró :

—Si queres contigo, *taita*.

¡Vaya si quería! Era el indio perdido y castigado. Por una

30 hora yo también había buscado guía que me indicara los malos pasos de la sierra y se apeara para restaurar el

**prefecto :** Gobernador de Provincia

☑ **mandármelo :** enviármelo ☐ el **ordenanza** sirve a un oficial

...**chicotillo** < chicote : látigo

(Yo) **tuve que** ☐ **tejido** < tejer : entrecruzar

El **junco** es muy flexible, se cría en parajes húmedos ☐
**estrechándose** < estrecharse < estrecho, a ≠ ancho, a ☐ **cono de
bala :** el plomo remataba el látigo (156,4) ☐ **aquello :** aquel objeto
☐ **irresistible :** obligaba a obedecer


**pellón :** cuero que se pone bajo la silla ☐ **so** (despectivo) ☐ **si no
te apuras** (A.L.) : si no te das prisa ☐ **probar :** conocer el sabor ☐
**cosa rica :** cosa sabrosa (irónico) ☐ **"Ya trayendo",** en boca del
Indio : ya lo traigo ☐ **se hundió :** penetró ☐ **pesebre :** aquí, establo
**vino** < venir

☑ la **orquesta**


**criollas :** aquí, propias de A.L.

**brujas :** echan sortilegios ☐ **serranas :** de la sierra ☐ **insuperable :**
inmejorable, excepcional ☐ **hallado :** encontrado ☐ **por lo cual :** por
ese motivo ☐ **se marchó :** se fue ; la marcha : la salida, la partida


**no se vaya :** imperativo negativo < irse ☐ **bárbaro :** bruto
**aconsejado** < el consejo ☐ **posadero :** dueño de la posada ☐ **dilaté :**
diferí ☐ **compras :** adquisiciones ☐ **soberbia :** magnífica
**mula andariega :** montura ☐ **pellejo de carnero :** piel de oveja
**la pelambre polvorienta :** los pelos sucios llenos de polvo


**"si queres" :** si quieres ☐ (s.e. : voy) **contigo**
**¡ Vaya si quería ! :** Ya lo creo que quería (yo)
☑ **que me indicara :** c. de t.
**y se apeara :** c. de t. < apearse : bajar de la caballería

brevísimo camino entre el abismo y las rocas, que una *galga* de piedras o las lluvias podían deshacer en segundos.

Asentí sin fijar precio. El indio me explicó en su media lengua que lo hallaría a las puertas del poblacho. Me detenía en una choza a pedir un mate de aquella horaciana chicha *de jora* que tanto alivia el ánimo, cuando le vi llegar, caballero en una jaca derrengada, pero más animosa que mi mula de lujo. Y sin hablar, sin más tratos, aquel guía providencial comenzó a precederme por atajos y montes,
10  trayéndome, cuando el sol quemaba las entrañas, el cuenco de chicha refrigerante o el maíz reventado al fuego, aquella tierna *cancha* algodonada. Confieso que no hubiera sabido nunca disponer en un *tambo* del camino, con los ponchos, el pellón y la silla de montar, tan blando lecho como el que disfruté aquella noche.

Pero al siguiente día el viaje fue más singular. Servicial y humilde, como siempre, mi compañero se detenía con sobrada frecuencia en la puerta de cada choza del camino, como pidiendo noticias en su dulce lengua quechua. Las
20  indias, al alcanzarme el *porongo* de chicha, me miraban atentamente, y parecióme advertir en sus ojos una simpatía inesperada. Pero ¡quién puede adivinar lo que ocurre en el alma de estas siervas adoloridas! Dos o tres veces, el guía salió de su mutismo para contarme, en lenguaje aniñado, esas historias que espeluznan al caminante. Cuentos ingenuos de viajeros que ruedan al abismo porque una piedra se desgaja súbitamente de la montaña andina. « Allí viendo, *taita* », en la quebrada agudísima, las osamentas lavadas por la espuma del río.
30  Sin querer confesarlo, yo comenzaba a estar impresionado. Los Andes son en la tarde vastos túmulos grises, y la bruma que asciende de las punas violetas a los picachos

**galga** (A.L.): caída

**asentí**: acepté □ **media lengua** ≠ español puro
**poblacho**: pueblo malo, pueblo de mala muerte
**mate**: calabaza □ **horaciana** < Horacio
**chicha de jora**: aguardiente de maíz germinado □ **...el ánimo**:
conforta el alma □ **...jaca**: montaba una yegua baja □ **derrengado,
a**: malparado, a □ **animoso, a**: gallardo, a □ **sin más tratos**:
sin hacer ningún contrato □ **atajo**: más corto que el sendero
normal □ **montes**: bosques □ **entrañas**: vientre □ **cuenco**: vasija
semiesférica de barro □ **maíz reventado**: tostado llamado *cancha*
en A.L. □ **algodonado**: como el algodón □ **confieso**: reconozco
**tambo**: albergue en el camino (Perú)
**blando, a** ≠ duro, a □ **lecho**: palabra noble para cama
**disfruté**: utilicé con gran placer
☑ **al** día siguiente □ **servicial**: amable


**sobrada**: demasiada ; algo sobra: está de más
**pidiendo** < pedir noticias: informarse □ **el quechua** y el aymara:
idiomas de los Indios del Perú □ **...porongo**: al traerme la calabaza
**parecióme** (no imitar): me pareció □ **advertir**: notar
**lo que ocurre**: lo que pasa
**siervas**: esclavas □ **adoloridas**: doloridas, afligidas
**aniñado**: de niño
**espeluznan**: dan tanto miedo que los cabellos se erizan ; una
historia espeluznante □ **ruedan**: caen dando vueltas
**se desgaja**: se cae, se despeña □ **"Allí viendo"** (en boca del Indio):
¡ mira allí ! □ **quebrada**: garganta, cañón □ **agudísima**: afilada,
aquí: a pique □ **osamentas**: huesos


**túmulos**: montones de tierra sobre las sepulturas
**asciende** < ascender, subir □ **puna**: meseta a 4000 m □ **picachos**

nevados me estremecía como una melancolía visible. En el flanco de las gigantescas vértebras, aquel camino rebañado en la piedra y tan vecino a la hondonada mortal parecía llevarnos, como en las antiguas alegorías sagradas, a un paraje siniestro. Pero el mismo indio, que temblaba bajo el rebenque, tenía agilidades de acróbata para apearse suavemente por las orejas y llevar del cabestro a mi mula espantadiza, que avizoraba el abismo y resbalaba en las piedras, temblorosa. Una hora de marcha así pone los
10 nervios al desnudo, y el viento afilado en las rocas parece aconsejar el vértigo. Ya los cóndores familiares de los altos picachos pasaban tan cerca de mí, que el aire desplazado por las alas me quemaba el rostro, y vi sus ojos iracundos.

Llegábamos a un estrecho desfiladero, de donde pude vislumbrar en la parda monotonía de la cadena de montañas la altiplanicie amarillenta con sus erguidos cactos fúnebres.

—Tú esperando, *taita*—murmuró de pronto el guía, y se alejó en un santiamén.
20 Le aguardé en vano, con la carne erizada. Palpé el revólver en el cinto, estimulando con la voz a la mula indecisa, que, las orejas al viento, oscilantes como veletas, medía el peligro y escuchaba la muerte. Un ruido profundo retembló en la montaña : algo rodaba de la altura. De pronto, a quince metros de mí, pasó un vuelo oblicuo de cóndores, y entonces, distintamente, porque había llegado a un recodo del camino, vi rebotar con estruendo y polvo en la altura inmediata una masa oscura, un hombre, un caballo tal vez, que fue sangrando en las aristas de las peñas
30 hasta teñir el río espumante, allá abajo. Estremecido de horror, esperé mientras las montañas se enviaron cuatro o cinco veces el eco de aquella catarata mortal. Un cono

162

**nevados**: cimas muy agudas cubiertas de nieve □ **me estremecía**: me hacía temblar □ **rebañado en la piedra**: como si se hubiera rascado (*raclé*) la piedra para hacerlo □ **hondonada**: precipicio

**paraje siniestro**: lugar funesto
**rebenque** (A.L.): látigo, azote (Esp.) □ **apearse por la oreja**: aquí, bajarse con ligereza de la cabalgadura □ **cabestro**: cuerda atada a la cabeza □ **espantadizo, a**: medroso, a □ **avizoraba**: observaba, acechaba □ **resbalaba**...y hubiera podido despeñarse, caerse al abismo □ **...al desnudo**: nos exaspera
**vértigo**: pérdida del equilibrio

**quemaba**: como el fuego □ **vi**: yo vi □ **iracundos**: irritados
**pude**: yo
**vislumbrar**: ver apenas □ **pardo, a**: color de castaña
**altiplanicie**: puna, meseta □ **erguidos cactos**: cactos altos se yerguen en la Puna
**"Tú esperando"**: ¡espera!
**se alejó** < lejos □ **en un santiamén**: en un instante
**aguardé**: esperé
**cinto**: cinturón
las **veletas** giran al viento
**media**...la distancia que la separaba del peligro
**retembló**: aquí, repercutió □ **algo rodaba**: algo caía dando vueltas □ **de la altura**: de la montaña

**recodo**: curva □ **rebotar**: chocar y saltar de nuevo □ **estruendo**: ruido ensordecedor
**tal vez**: quizás □ **aristas**: ángulos □ **peñas**: rocas
**teñir**: la sangre tiñe el río □ **estremecido** < estremecerse; estremeciéndome, temblando
**catarata**: salto de agua y aquí: caída

invertido de alas pardas giraba como una tromba sobre los cadáveres.

Más agachado que nunca, deslizándose con el paso furtivo de las vizcachas, hete aquí al bellaco de mi guía que coge a mi mula del cabestro y murmura con voz doliente, como si suspirara :

—¡Tú viendo, *taita*, al capitán!

¿El capitán? Abrí los ojos entontecidos. El indio me espiaba con su mirada indescifrable ; y como yo quisiera saber muchas cosas a la vez, me explicó en su media lengua que a veces, *taita*, los insolentes cóndores rozan con el ala el hombro del viajero en un precipicio. Se pierde el equilibrio y se rueda al abismo. Así había ocurrido con el capitán González, « ¡pobricitu, ayayay! ». Se santiguó, quitándose el ancho sombrero de fieltro, para probarme que sólo decía la verdad. Con ademanes de brujo me designaba las grandes aves concéntricas que estaban ya devorando su presa.

Yo no inquirí más, porque éstos son secretos de mi tierra que los hombres de su raza no saben explicar al hombre blanco. Tal vez entre ellos y los cóndores existe un pacto oscuro para vengarse de los intrusos, que somos nosotros. Pero de este guía incomparable que me dejó en la puerta de Huaraz, rehusando todo salario, después de haberme besado las manos, aprendí que es imprudente algunas veces afrontar con un lindo látigo la resignación de los vencidos.

**cono invertido** : formaban las alas tan grandes de los cóndores los lados de un cono al revés

**agachado** : inclinado ☐ **deslizándose** : pasando sin ruido entre las rocas ☐ **vizcacha** : *viscache* (mamífero) ☐ **hete aquí al...** : aquí está el ☒ **al bellaco de mi guía** : *mon coquin de guide*

☒ **como si suspirara**

**"Tú viendo al capitań"** : ¡ mira al capitán ! ¡ ve lo que le ha pasado !

**entontecidos** < entontecer < tonto, a ☐ **me espiaba** : me observaba con disimulo ; un espía ☐ **como yo quisiera** : dado que yo quería...

**rozan** : tocan levemente ☒ **el ala** : las alas

**el hombro** une el brazo al tronco ☐ **se pierde** : uno pierde...

**así había ocurrido con...** : era lo que le había pasado al...

**"pobricitu"** : pobrecito ☐ **se santiguó** : hizo la señal de la cruz ; santiguarse ☐ **probarme** : demostrarme

**el ademán** : movimiento

**las grandes aves** : los cóndores tienen alas de 3 metros de envergadura ☐ el cóndor es un ave de **presa**

**no inquirí más** : yo no quise saber más < inquirir, indagar, averiguar

**vengarse** : hacerle daño a una persona para compensar el daño que nos hizo ; tomar venganza

**rehusando** : rechazando, negándose a aceptar ☒ **después de haberme besado...** ☐ **aprendí yo**

**vencidos** : los que perdieron la batalla (aquí : los que fueron vencidos por los Conquistadores) ≠ vencedores ; vencer

# Grammaire au fil des nouvelles

*Traduisez les phrases suivantes inspirées du texte (le premier chiffre renvoie aux pages, les suivants aux lignes) :*

**Je n'ai jamais su faire cela** (156,1 et comparez avec 160,13 pour la place de l'adverbe).

**Je lui *ai ordonné de* seller le cheval** (verbe d'ordre + c. de t. 156,7).

**Il se redressa** (verbe *erguirse*, modèle *sentir*, 156,12).

**L'Indien et *moi* nous frissonnâmes** ("moi" sujet. 156,15).

**Il vient de *me l'*envoyer** (place des pronoms. 158,1 et 2).

**Il fallut que je regarde le fouet** ("falloir", "devoir". 158,4).

**Ne partez pas avec le capitaine** (impératif négatif. 158,22).

**J'avais cherché un guide qui *pût m'indiquer* les passages de la montagne** (c. de t. 158,30).

**Je m'arrêtai pour demander de l'eau-de-vie** ("demander quelque chose" ≠ "poser une question". 160,5).

**Il me précéda *dans* les raccourcis** (notion de mouvement. 160,9).

***Jamais je n'aurais su* arranger une couche *aussi* douce *que* celle que j'ai eue à ma disposition** (160,14 et 15).

***En me tendant* la calebasse les Indiennes me regardaient avec sympathie** (*al* + infinitif et place du pronom. 160,20).

**Les condors passaient *si près* de moi *que* l'air qu'ils déplaçaient me brûlait le visage** (conséquence. 162,12).

**J'attendis *alors que* les montagnes se renvoyaient l'écho de ce fracas** (162,31).

***Voilà mon* coquin *de* guide qui revient** (164,5).

**Il murmura quelques mots *comme s'il soupirait*** (*como si* + imp. subj. 164,6).

***On* peut perdre l'équilibre** (164,12 et 13).

***C'est ce qui était arrivé* au capitaine** (164,14).

**Il enleva son chapeau** (autre tournure pour éviter le possessif. 164,16).

**Il se signa *pour* me prouver qu'il *ne* disait *que* la vérité** (164,16 et 17).

***Ce sont là* les secrets de mon pays** (emploi du pronom démonstratif. 164,19).

***Après m'avoir baisé* les mains il partit** (164,25).

# Vocabulario

Voici près de 2 200 mots rencontrés dans les nouvelles, suivis du sens qu'ils ont dans celles-ci. Pour les verbes irréguliers en **ar** et **er**, la voyelle qui diphtongue est soulignée.

## — A —

**abajo** en bas

**abajo (aguas ; calle)** en descendant (le fleuve ; la rue)

**abandonado** abandonné

**abanico** éventail

**abatimiento** attitude d'abattement

**abierto, a** ouvert, e

**abismo** abîme

**abogado** avocat

**abogar** plaider

**abrigo** manteau

**abrir** ouvrir

**absorber** absorber

**absorto** p.p. de absorber

**abucheo** huées, quolibets

**abuelo, a** grand-père, grand-mère

**abundar** abonder

**aburridamente** dans le plus profond ennui

**aburrirse** s'ennuyer

**acabar de venir** de

**acabar por** finir par

**acabarse** se terminer, finir

**acantilado** falaise

**acariciar** caresser

**acarreo** transport

**acaso** peut-être

**acatamiento** obéissance

**aceite (el)** huile

**aceituna** olive

**aceptar** accepter

**acera** trottoir

**acercarse a** s'approcher de

**acertar** réussir ; dire juste ; atteindre la cible

**acezante** haletant

**acierto** réussite

**acompañantes** suite (d'un ministre...)

**aconsejar** conseiller

**acontecimiento** événement

**acordarse de** se souvenir de ; se rappeler

**actitud (la)** attitude

**acostarse** se coucher

**acudir** accourir ; se rendre quelque part

**adelantarse a alguien** passer devant quelqu'un

**adelante** en avant ; plus loin

**ademán** geste

**además** d'autre part ; en outre

**adentrarse** pénétrer

**adivinar** deviner

**admitir** admettre

**adquirir** acquérir

**advertir** remarquer

**afanarse en** s'appliquer à

**afianzarse** prendre de l'assurance ; se rassurer

**afilar** affiler

**afortunadamente** heureusement

**afuera** dehors

**agachar** baisser

**agacharse** se baisser > **agachado** ramassé sur lui-même

**agarrado** avare

**agarrar** empoigner ; surprendre

**agarrar vuelo** s'envoler

**agarrotado, a** raidi, e ; engourdi, e

**agazapar(se)** (se) blottir, (se) tapir

**agobiante** écrasant, e

**agosto** août

**agradecer** être reconnaissant ; remercier

**agredir** agresser

**agresor** agresseur

**agua (el ; pl. las aguas)** eau

**aguantar** supporter

**aguardar** attendre

**aguja** aiguille

**agujereado, a** troué, e

**agujero** trou

**ahogo** étouffement

**ahora** maintenant

**ahora mismo** à l'instant même

**aire** vent

**aislar** isoler

**ajeno** d'autrui

**ajo** ail

ala (el ; pl. las alas) aile(s)
alambrador (estañador) rétameur
alameda allée (d'arbres)
alarido cri, hurlement
albóndiga boulette de viande
alcance (al...de) à portée de
alcancía tirelire
alcanzar atteindre ; attraper ; passer quelque chose à quelqu'un
alcanzar (no) ne pas suffire
alcatraz pélican
alegría joie
alejarse s'éloigner
aletas ailes du nez
alfiler épingle
alfombrar tapisser
algarabía vacarme ; jacassement
algo quelque chose
algodón coton
algodonado, a cotonneux, se
alguno quelqu'un (> algún devant n. masc. sing.)
algunos, as quelques
aliñar assaisonner
aliviar soulager
alivio soulagement
alma âme
almena créneau
almidonado, a amidonné, e
almuerzo déjeuner
alón augmentatif de ala (aile)
alpargata espadrille
altar autel
altiplanicie haut plateau
alto, a haut, e
altura hauteur ; niveau
aludir faire allusion à
alzado, a levé, e
alzar lever
alzar la vela mettre à la voile
allá là-bas
allí là ; y
ama (el ; pl. las amas) gouvernante
amagar el tiro faire le geste de tirer
amanecer faire jour
amante (el, la) amant, maîtresse
amarillo jaune
amarrar attacher
ambarino, a de couleur ambre
ambiente (el) atmosphère
ámbito milieu, atmosphère
amonestar réprimander

amparo (al...de) à l'abri de
ampuloso, a enflé, e ; rebondi, e
ancho, a large
andar marcher ; semi-auxiliaire être ; aller (¿ como andan las cosas ?)
andares allure
ángel (el) ange
angosto, a étroit, e
ángulo angle
ángulo recto angle droit
angustiado, a angoissé, e
anhelante haletant
anillo anneau
ánimo esprit ; courage
animoso, a décidé, e ; courageux, se
aniñado, a enfantin, e ; puéril, e
aniversario anniversaire
ansiedad angoisse ; frustration
anochecer crépuscule
anotar annoter
antaño autrefois
ante devant
anteojos lunettes
antepasado antérieur
antes avant ; auparavant
antojársele a uno algo avoir l'impression que ; avoir envie de
añadir ajouter
anudar nouer
año année
apaciguarse se calmer
apagar éteindre
aparcería métayage
aparecer apparaître
apartar séparer
apartarse s'écarter
apearse mettre pied à terre
apegarse se plaquer (A.L.)
apenas à peine
a pesar de en dépit de ; malgré
aplauso applaudissement
apoderado fondé de pouvoir
apostar parier
apoyar appuyer
aprender apprendre
apresar faire prisonnier
apresurarse, a se presser de
apretarse, a se serrer contre
apretujados serrés l'un contre l'autre
aprisa vite
aprobar approuver

**aprovechar** profiter de
**aproximarse a** s'approcher de
**apuntalar** étayer
**apuntar** viser
**apurarse** se dépêcher (A.L.)
**apuro (sin)** sans hâte (A.L.)
**a que...**(en début de phrase) je parie que
**aquel** ce... (là-bas)
**aquello** cela
**aquí** ici
**aquiescente** consentant, e ; revenu, e à la raison
**araña** lustre
**arañar** griffer
**árbol** arbre
**arcilla** argile
**arder** brûler
**arduo, a** ardu, e ; pénible
**argüende** imbroglio (A.L.)
**argüir** argumenter, discuter
**arista** arête
**arpa** harpe
**arpillera** serpillière
**arraigar** enraciner ; prendre racine
**arrancada** démarrage brusque
**arrancar** arracher
**arrastrar** traîner
**arrea** allez ! zou !
**arrear** expédier
**arrebañar** "nettoyer", racler le fond d'un plat
**arreglar** arranger, réparer
**arrellanarse** s'installer confortablement
**arremangar** retrousser
**arremolinarse** (fig.) s'entasser
**arriba** en haut
**arrimar** approcher, mettre tout près
**arrimarse a** s'appuyer sur, frôler
**arroyo** ruisseau
**arroz** riz
**arrugar** froisser
**asamblea** assemblée
**asar** griller
**ascender** monter
**asegurar** assurer
**asentado** sûr, posé
**asentarse** s'établir quelque part
**asentir** donner son assentiment
**asesino** assassin
**así** ainsi

**así o asá** comme ci ou comme ça
**así como** tout comme
**así como así** à la légère
**así que** alors...
**asiento** siège
**asilenciar** faire taire
**asomarse** se mettre à la fenêtre, sur le pas de la porte...
**asperón** grès
**asta (el ; las astas)** corne
**astilla** éclat de bois
**atajo** raccourci
**atar** attacher
**atardecer** soir
**atemorizado, a** effrayé, e
**atención (prestar)** prêter attention
**atender** s'occuper de
**atienda nomás** faites, je vous en prie
**atentamente** attentivement
**atento, a** attentif, ve ; attentionné, e
**aterrorizado, a** terrorisé, e
**atezado, a** bruni, a
**atinar** frapper au but ; réussir
**atontado, a** hébété, e
**atracar** amarrer
**atraer** attirer
**atrás** en arrière
**atravesar** traverser
**atreverse a** oser
**atribuir** attribuer
**atronar** tonner, vociférer
**aumentar** augmenter
**atusarse** se lisser (la moustache)
**aullar** hurler
**aun** même
**aún** encore
**aunar** unir, allier, réunir
**aunque** + ind. : bien que ; + subj. : même si
**ausencia** absence
**autobús** autobus (pl. **autobuses**)
**autodidacta (el)** autodidacte
**auxiliar** aider
**auxilio** secours
**aventar** lancer (Mex.)
**avergonzar** faire honte
**avergonzarse** avoir honte
**avieso, a** retors, e
**avisar** prévenir
**avizorar** scruter d'en haut
**ayer** hier
**ayuda** aide

169

**ayuda (prestar)** aider
**ayudante** aide ; adjudant
**ayudar** aider
**azar** hasard
**azotar** fouetter
**azul** bleu
**azulino, a** bleuté, e

# — B —

**baba** bave
**bachiller** bachelier
**bachillerato** études secondaires
**badajo** battant de cloche ; quelle cloche !
**bailar** danser
**baile** danse, ballet
**bajar** descendre ; baisser
**bajetón, a** bien petit, e (fam.)
**bajeza** bassesse
**bajito** tout bas
**bajo** sous (≠ sur)
**bajo, a** petit, e ; bas, se
**baldío** terrain inculte
**banda** orchestre ; **banda seca** orchestre de tambours
**bandera** drapeau
**baño** salle de bains
**barbacoa** barbecue
**bárbaro** brute
**barco fantasmal** bateau fantôme
**barniz** vernis
**barnizado, a** verni, e
**barullo** esclandre, remue-ménage
**barrio** quartier
**barrios bajos** bas quartiers
**barro** boue ; terre cuite
**bastante** assez ; pas mal
**bastar** suffire
**bastón** canne
**batir** battre
**batón (< bata)** robe de chambre (A.L.)
**bautizar** baptiser
**Bayardo** Bayard
**bazo** rate
**beca** bourse d'études
**bellaco** coquin, sacripant
**bembe** lèvre (A.L.)
**bendito, a** (ironique) maudit, e
**beneficiar** gratifier ; bénéficier

**besar** embrasser
**beso** baiser
**bienes** biens
**bigotes (los)** moustaches
**bizarro** bizarre (gallicisme)
**bizco** bigle (qui louche)
**blanco, a** blanc, che
**blanco (el)** la cible
**blancura** blancheur
**blando, a** mou, molle ; doux, douce
**blanquear** avoir des reflets blancs
**bloque** bloc
**bocacalle** entrée d'une rue
**bola** bande, clique (Mex.)
**bolita** bille
**bolsa** sac ; poche (A.L.)
**borda** bord (maritime)
**borlote** chahut (A.L.)
**borneado, a** penché, e (A.L.)
**borrachera** cuite
**bosque** bois (forêt)
**bota** botte (chaussure)
**bote** bateau
**botella** bouteille
**botellazo** coup de bouteille
**boxeo (el)** boxe
**brasa** braise
**braza** brasse (mesure)
**brazo** bras
**brillante** brillant
**brotar** pousser
**brujo, a** sorcier, e
**bufanda** écharpe
**bulto (escurrir el)** se dérober
**bulla** tumulte
**bullicio** tumulte
**buque** paquebot
**burgués, a** bourgeois, e
**burguesía** bourgeoisie
**burla** moquerie
**burlarse** se moquer de
**burro, a** âne, esse
**busca (en busca de)** à la recherche de
**buscar** chercher

# — C —

**caballero** "Monsieur" ; gentleman ; gentilhomme
**caballero en** à cheval sur

caballerosidad chevalerie

caballo cheval

cabaña cabane

cabe + verbe : il convient de

cabellera chevelure

caber tenir dans ; avoir sa place

cabestro licou

cabeza tête

cabezón, a qui a une grosse tête

cabo cap ; caporal

cabo (al...de) au bout de

cacaotal plantation de cacaotiers

cacarear caqueter

cacto cactus

cachete joue

cacharro ustensile

cada (invar.) chaque

cada cual chacun

cadáver cadavre

cadera hanche

caer tomber ; survenir

caer bien, mal tomber bien, mal ;
être bien ou mal vu

caer mansito tomber comme un
fruit mûr

caída chute

cajón tiroir

calabozo geôle

calar pénétrer

calcáreo calcaire

calcetines chaussettes

caldero chaudron

calentura fièvre

cálido, a chaud, e

caliente chaud, e

calor (el) chaleur

calzada chaussée

callar (tr.) faire taire

calle rue ; calle de las Dueñas rue
des Nonnes

camastro grabat

cambiar changer, se transformer

cambio (en) en revanche

caminante voyageur à pied

caminar marcher

camino de sur la route de

camino chemin ; dans l'autobus :
couloir

camino (seguir) continuer son chemin

camión autobus (Mex.)

camisa chemise

campana cloche ; hotte de cheminée

canario canari

canalla (el) canaille

canasto panier

cancha maïs grillé (Pérou)

canción chanson

candor candeur

cangrejero pêcheur de crabes
(A.L.)

cangrejo crabe

canoa canot

canoso, a grisonnant, e, blanc
(cheveux)

cansado, a fatigué, e

cansarse se fatiguer

cantil falaise

canto chant ; pierre

caña bambou

cañita (el) rhum de fabrication
clandestine (A.L.)

capaz (pl. capaces) capable

capillita petite chapelle

capital grande ville ; capitale

capítulo chapitre

caprichoso, a capricieux, se

cara figure, visage

caramelo bonbon

carbonilla fusain ; poussière de
crayon

carecer de être dépouvu de, manquer de

carencia défaut, manque

cargado, a chargé, e de

cargador chargeur

hacerse cargo de se rendre compte
de

caricia caresse

cariñoso, a affectueux, se

carne (la) chair

carnero mouton

carrasca, carrasco yeuse, chêne
vert

carretera route

carro charrette

carrillo joue

cartel affiche, panonceau

casabe galette de tapioca (A.L.)

casarse se marier

cascarón (el) coquille

casero, a fait à la maison

casi presque

caso (el...es que) le fait est que
caso (en todo...) en tout cas
castellano castillan, espagnol (langue) ; castellano, a : castillan, e
castigado supplicié
castigar malmener, punir
castigo châtiment
casual fortuit, e
catarata chute, cataracte
categoría (de) de grande classe
catrín petit-maître (Mex.)
cayado houlette
caza chasse
cazar chasser
cecina viande séchée
cegador, a aveuglant, e
ceguera cécité
celeste bleu ciel
celo zèle
celos jalousie
cemento ciment
cena (la) dîner
cenar dîner
censo (levantar el) faire le recensement
centrarse en être axé sur
cepo piège ; instrument de torture
cera cire
cerca de près de
cercano, a proche
cerdo cochon
ceremonia cérémonie
cernerse menacer
cerro mont
cerrojo verrou
certidumbre certitude, assurance
cerveza bière
césped gazon
ciego, a aveuglé, e, aveugle
cielo ciel
cien + mot : cent
ciénaga marais, marécage
ciertamente certainement
cierto, a vrai, e
cigarrillo cigarette
cigüena cigogne
cincelar ciseler
cinta ruban
cinto ceinture
cintura taille
ciudad ville
clamar réclamer

clases (dar) donner des cours, enseigner
clavar clouer ; atteindre d'une flèche
clavel œillet
clero clergé
coartada alibi
cobija couverture (A.L.)
cocina cuisine
cocinera cuisinière (personne)
cochino porc
coco (el) calebasse (de la noix de coco)
códice (el) codex
codo coude
coger prendre, attraper, surprendre
cohibido, a gêné, e
cola queue ; extrémité
colchón matelas
colgar de être suspendu à
colmar combler
colmena ruche
colmo comble
colocar placer
colorado, a rouge ; roux
colorear colorier
colorin chardonneret
comadre commère ; femme (pej.)
comadrona sage-femme
comedor salle à manger
comenzar commencer
cometa (el) la comète
cómico acteur ; forain
comitiva suite
comisaría (la) commissariat
comisario commissaire
comisión patrouille
como comme
cómo comment
compañero, a compagnon, compagne
compás rythme
completo (por) totalement
complicado, a empêtré, e
compra (la) achat
comprar acheter
comprometido, a engagé, e ; compromis, e
comprometerse s'engager ; se compromettre

172

**compromiso** engagement ; difficulté

**concertarse** se concerter

**conciudadano** concitoyen

**concluir** conclure

**concurrido, a** passant, e

**concurrir** contribuer, coopérer

**condescender en** condescendre à

**cóndor** condor

**conferir** conférer

**confesar** avouer

**confiado, a** confiant, e

**confiar** avoir confiance

**confundir (se)** (se) confondre

**conmigo** avec moi

**conmovedor, a** émouvant, e

**connacional** compatriote ; concitoyen

**cono** cône ; **cono de bala** cône d'une balle

**conocedor** compétent

**conocer** connaître

**conocimiento** connaissance

**consagrar** consacrer

**conseguir** parvenir à

**consejo** conseil (avis) ; conseil (réunion)

**considerandos** attendus

**consuelo** consolation

**consumir** consommer

**con tal de que** à condition que

**contar** raconter ; compter

**contar con** compter sur

**contención** retenue

**contenido, a** contenu, e

**contentar(se)** (se) réconcilier (A.L.)

**contera** pointe, bouterolle

**contrarrestar** contrecarrer

**contratado, a** engagé, e

**contribuir** participer

**convencimiento** conviction

**convento** couvent

**conversar** dire, bavarder

**convertirse en** devenir

**copa** cime (des arbres)

**copetín** petit verre

**coraza** cuirasse

**corazón** cœur

**corbata** cravate

**corcho** bouchon de liège

**coro** chœur

**coronilla** dessus de la tête ; occiput

**corral** cour ; enclos ; parc à crabes

**correr** courir

**correr (a todo...)** à toute vitesse

**corresponder** revenir, incomber

**corriente (la)** le courant ; le fleuve

**cortesía** politesse, courtoisie

**cortina** rideau (de fer)

**corva** jarret

**cosa (la...es que)** le fait est que

**cosa rica** quelque chose de savoureux

**costa** côte, rive

**costado** côté ; flanc (maritime)

**costar** coûter

**crecer** croître

**creer** croire

**cresta** crête

**criada** bonne

**criatura** bébé ; enfant

**criollo** créole

**crónica** chronique

**cruzado, a** porté, e en écharpe

**cruzar** traverser

**cuaderno** cahier

**cuadra** pâté de maisons ; portion de rue (A.L.)

**cuadrado, a** carré, e

**cual (el, la...)** lequel, laquelle...

**cualquier** + mot singulier : n'importe quel, n'importe quelle

**cualquiera** n'importe quelle personne ; le premier venu

**cualquier cosa** n'importe quoi

**cuando** quand

**cuanto** tout ce que

**cuarenta** quarante

**cuarentena** quarantaine

**cuarteado, a** fendillé, e ; lézardé, e

**cuartel (el)** caserne

**cuarto de baño** salle de bains

**cuatro** quatre

**cubiertos** couverts (de table)

**cuchara** cuiller

**cuchichear** chuchoter

**cuchillito** petit couteau, canif

**cuclillas (en)** accroupi, e

**cuello** cou ; col (de chemise)

**cuenco** écuelle

**cuentista** conteur

**cuento** conte ; nouvelle

**cuerpo** corps

cuesta côte (pente)
cuestión question, problème
cuestionar remettre en question
cuidado (poner buen...en) faire bien
    attention à
cuidar de faire attention à
culebra couleuvre
cultura culture (intellectuelle)
cumplir tenir une promesse
cuneta fossé
cura (el) curé
curbata ou curbeta tambour étroit
    (Ven.)
curiosear fureter
curtir tanner
custodia surveillance
cuyo, a + nom: dont; en cuya +
    nom fem.: dans + nom
    duquel, de laquelle
cuyos extremos (de) des extrémités
    duquel, de laquelle

# — CH —

chacamota (dar de) faire tournoyer
    (Mex.)
chal châle
chamusquina roussi
chaqueta veste
chaquete jacquet (jeu)
charca mare
charco flaque d'eau
charla causerie; bavardage
charlatán camelot
chasquido claquement
chaval gamin
chicha eau-de-vie (A.L.)
chico, a enfant
chico (el más) le plus petit
chicotazo coup de fouet
chicote fouet (A.L.)
chillido cri perçant
chiquilín, a gamin, e (A.L.)
chirriar grincer
chispa étincelle
chófer chauffeur
chopo peuplier
chorrear ruisseler; couler à flots
choza case, cabane
chupar sucer; absorber, happer

# — D —

damajuana dame-jeanne
damnificado, a sinistré, e
danzar danser
daño maléfice (A.L.)
dar donner
dar a conocer faire connaître
dar con trouver
dar de gritos pousser des cris
dar en atteindre
dar rienda suelta donner libre cours
darse cuenta se rendre compte de
darse de se battre à coups de...
debajo en dessous
deber devoir; deber de devoir =
    supposition
débil faible
decidir décider de
decir dire
dedo doigt
defensa propia légitime défense
defraudar décevoir
dejar laisser; dejar de cesser de; no
    dejar de ne pas manquer de
delantal tablier
delante de devant
deletrear déchiffrer
delgado, a mince
demasiado trop; tellement
demostrar démontrer
dentro de dans, à l'intérieur
derecho a tout droit vers
derecho a (tener) avoir le droit de
deriva (a la) à la dérive
derrengado, a éreinté, e
derrota défaite
derruido, a en ruine; abattu, e
derrumbarse s'écrouler
derrumbe écroulement
desabotonar déboutonner
desabrochar dénouer
desafinar rendre peu harmonieux
desamparado, a abandonné, e
desaparecer disparaître
desaposentar déloger
desarreglar bousculer
desarrollarse se dérouler
desautorizar désavouer, interdire
desavenencia mésentente
desayunar prendre le petit déjeuner

174

desazón inquiétude
descalzo, a pieds nus
descansar se reposer
descargar décharger
descarnado, a décharné, e
descender descendre
descenso descente
descolgarse pendre
desconectado, a de à l'écart de
desconocer ne pas reconnaître
descontar défalquer
descubrir découvrir
desde depuis
desdén dédain
desear désirer, souhaiter
desechar rejeter
deseo désir
desfalcar escroquer
desfiladero défilé (montagne)
desgajarse se détacher, casser net
desgana ou desgano découragement, manque d'entrain
desgarbado, a dégingandé, e
desgarrar déchirer
desgonzado, a désarticulé, e
desgracia malheur
desgraciado, a infortuné, e
desgraciarse être accablé par le malheur
deshacer défaire, détruire
deshielo dégel
deshollinar ramoner
desierto désert
designar désigner
designio dessein
desigual inégal, e
desligar dénouer ; dégager d'une obligation
deslizarse se glisser
desmayo évanouissement
desmerecer démériter
desnudo, a nu, e ; al desnudo à nu ;
...de la cintura arriba torse nu
desocupar évacuer
desocuparse rester libre (siège)
despacio lentement
despatarrado les quatre fers en l'air
despectivamente de façon méprisante
despedida adieux
despeinado, a dépeigné, e
desperezarse s'étirer

despertar (r)éveiller
despiadado, a impitoyable
despierto, a éveillé, e ; d'esprit vif
desplumar déplumer
desprecio mépris
desprendido, a détaché, e
después ensuite
desquite revanche
destacar se détacher
destello lueur
desteñido, a décoloré, e
desterrar exiler
destierro exil
destilar distiller
destino destin
destruir détruire
desvivirse se mettre en quatre
detener(se) (s')arrêter
detrimento préjudice
devastar dévaster
día jour ; al...siguiente le lendemain
diablura diablerie
dibujante dessinateur, trice
dibujar dessiner
dibujo dessin
diente (el) dent
difundir diffuser
dilatar différer
diminuto, a tout(e) petit(e)
dinero argent
Dios (pl. dioses) Dieu
diplomático diplomate
dirección (en...a) en direction de
disculparse se disculper
discurrir circuler, parcourir
discurso discours
disecar empailler
disfrazarse de se déguiser en
disfrutar de jouir de
disgusto mécontentement ;
brouille
disparar décocher (une flèche) ;
faire feu
disponerse a se disposer à
dispuesto, a a disposé, e à
distinto, a distinct ; différent
disuadir dissuader
disyuntiva alternative
divisar distinguer, apercevoir
doblado, a courbé, e
doblar tourner
doblarse se pencher

**doble** double
**docente** relatif à l'enseignement
**dolencia** maladie, infirmité
**doler** faire mal
**doliente** affligé, e ; malade
**dolor (el)** douleur
**doloroso, a** douloureux, se
**domingo** dimanche
**dominio** bonne connaissance (d'une langue) ; domination
**don** don
**donde** où
**donjuanesco** donjuanesque (< Don Juan)
**doscientos** deux cents
**drama (el)** drame
**duda (la)** doute ; **sin duda** sans doute
**dueño, a de casa** maître, esse de maison
**dulce** doux, ce

— E —

**echar** jeter ; mettre dehors
**echar a** se mettre à
**echar de menos** regretter l'absence de
**echar hacia atrás** rejeter en arrière
**eco** écho
**eficaz (pl. eficaces)** efficace
**ejemplo (por)** par exemple
**ejercer** exercer
**elegir** choisir
**eludir** éviter
**ello** cela
**embarcar** embarquer
**embozar** cacher le bas du visage
**eminencia** éminence
**empavonado, a** trempé, e
**empeño** obstination ; intérêt passionné
**empeños (casa de)** mont-de-piété
**empezar** commencer
**empleo** emploi
**emplumar** se couvrir de plumes
**empresa** entreprise
**empujado, a** poussé, e
**empujón** coup, poussée
**emperifollado** tiré à quatre épingles
**enamorado, a** amoureux, se

**encallar (la canoa)** échouer
**encapuchado** pénitent (de la Semaine Sainte)
**encaramado, a** perché, e
**encargarse de** s'occuper de
**encarnizarse contra** s'acharner sur
**encender** allumer
**encerrar** enfermer
**encontrar** trouver
**encontrarse con** rencontrer
**en cuanto** dès que
**encuentro** rencontre
**enchinar** avoir la chair de poule
**enderezar** redresser
**endurecer** durcir
**enemigo** ennemi
**enfadoso** importun
**enfermo** malade
**enfilar** se diriger vers
**enfocar** envisager ; étudier de près
**enfurruñarse** se fâcher
**engalanado, a** paré, e
**engañar** tromper
**enjambre (el)** essaim
**enjuto, a** sec, sèche
**enlazar** lier
**enloquecer** devenir fou ; rendre fou
**enlutecido, a** endeuillé, e
**enmudecer** rester muet
**ennegrecer** noircir
**enojarse** se mettre en colère
**enredar** embrouiller
**ensangrentar** ensanglanter
**ensayista** essayiste
**ensayo** essai
**ensancharse** s'élargir, s'évaser
**ensenada** anse, crique
**enseñar** montrer ; enseigner
**ensillar** seller
**ensimismado, a** absorbé, e ; songeur, se
**ensuciar(se) (se) salir**
**ensueño** rêve
**entallado, a** ajusté, e
**entender** comprendre
**enterarse** se mettre au courant ; se rendre compte
**entibiarse** tiédir
**entonces** alors
**entontecer** hébéter
**entrañable** profond, cher, e
**entrañas** ventre

entrar en combate attaquer
entrevista interview
envejecer vieillir
enviar envoyer
envidia envie (jalousie)
envoltorio paquet
envuelto, a (envolver) enveloppé, e
epa (interjection) tiens donc, ça
   alors
erguirse se dresser
erizar hérisser
errar rater
error erreur
esbozo ébauche
escalera (la) escalier
escabullirse s'éclipser
escalofrío frisson
escaparse s'échapper
escape (el) fuite ; a todo... à toute
   vitesse
escarcha givre
escoger choisir
escombros décombres
escondidas (a) en cachette
escribir écrire
escriña (ou escriño) (peu usité)
   panier
escritor, a écrivain
escritorio bureau
escuchar écouter
escudilla écuelle
escuela école
escupir cracher
esfuerzo effort
esfumar estomper
esmalte émail
espalda(s) dos ; de... le dos tourné ;
   a mis... dans mon dos
espantadizo, a effarouché, e ; peu-
   reux, se
espárrago asperge
espectáculo spectacle
especie (la) espèce
espeluznar faire dresser les cheveux
   sur la tête
esperanza espoir
esperar attendre ; espérer
espeso, a épais, se
espiar épier
espinazo (fam.) colonne vertébrale
espíritu esprit
espolvorear épousseter

espuma écume
esquina coin
estable stable
estaca pieu
estallidos jets (de vapeur)
estante étagère
estar(se) être ; se trouver
estatua statue
esto (en) là-dessus, sur ces entre-
   faites
estirar allonger
estrecharse se rétrécir
estrellarse contra s'écraser sur
estremecerse frémir, frissonner
estrenado, a étrenné, e
estribar en consister à ; résider
estruendo fracas
estrujar écraser
estudio bureau
evidentemente évidemment
exención de pago exonération
exiliado exilé
exilio exil
existir exister
éxito succès
éxodo exode
experiencia expérience
éxtasis (el) extase
extensión étendue
extrañamente étrangement
extrañar surprendre
extraño, a étrange ; substantif :
   étranger
extremo extrémité

— F —

fábrica usine
facciones (las) traits du visage
faenas de campo travaux des
   champs
faldistorio siège épiscopal
falso, a faux, fausse
fama renommée
familiar familier ; familial
fango (el) fange, boue
farol lanterne ; réverbère
favor (por) s'il vous plaît
fecha date
felicidad bonheur
feliz (pl. felices) heureux, se

femenino, a féminin, e
feo, a laid, e
feria foire
fiado (de) à crédit
fiar faire crédit
fiebre fièvre
fiel fidèle
fieltro feutre
figura silhouette
fijamente fixement
fijar fixer ; fijarse en remarquer, prêter attention à
finca grande propriété
fingir feindre de
firme ferme ; ¡ firme ! garde à vous !
flaco, a maigre
flecha flèche
flechar lancer des flèches
florecer fleurir
florero vase
flote (a) à flot
fogón feu, foyer, âtre
folio feuille de livre
fonda auberge
fondo (dar) mouiller (maritime)
forastero étranger (au village)
forzadamente avec effort, de façon peu naturelle
forro doublure
fosa fossé
fracasar échouer
fracaso échec
frasco flacon
frecuencia fréquence
frente (la) front (visage)
frente a face à
fresco (el) fresque
frío, a froid, e
friolera bagatelle
fruncido, a froncé, e
frutita petit fruit
fuente (la) fontaine
fuerte fort, e
fuerza force
fugarse s'enfuir
fulano individu
fulmíneo, a foudroyant, e
función fête, spectacle
furia fureur

gafas lunettes
galga de piedras chute de pierres (A.L.)
galopar galoper
gallo coq
ganar gagner
ganas (tener...de) avoir envie de
ganas (con) de bon cœur
gangoso, a nasillard, e
garra griffe
gato chat
gente (la) les gens
gentuza racaille, sales gens
germen (el) germe
gestionar négocier
gesto expression du visage
girar tourner sur soi-même
giro tournure
gobernador gouverneur
gobierno gouvernement
golfo golfe ; voyou
golondrina hirondelle
golpe coup
golpe (de...) soudain
golpear frapper
gordo, a gros, se
gorrión moineau
gotear dégouliner, tomber goutte à goutte
gozar jouir
gozarse s'amuser (A.L.)
gozo joie
gracias merci ; gracias a grâce à
grado degré
granada grenade
grande (lo) la meilleure
grato, a agréable
gritar crier
grito cri
gritón braillard
grueso, a gros, se
guá ça alors
guacamole sauce à l'avocat (A.L.)
guacharaca perroquet (Ven.)
guajolote dindon (A.L.)
guaraní peuple indien ; sa langue
guardagujas (el) aiguilleur
guardar garder
guayaba goyave
guerrera vareuse

178

guerrero guerrier
guía (el) guide (homme)
Guillermo Guillaume
guiso plat (cuisine)
gurriato petit moineau
gustar plaire
gusto (a) à (mon...) aise

# — H —

haber avoir (auxiliaire)
habitación pièce, chambre
hablar a solas parler pour soi
hacer faire ; ...caso faire attention, prendre garde
hacer de servir de
hacerse devenir ; être considéré comme ; ...cargo se rendre compte
hacérsele a uno como que avoir l'impression que
hacia vers
hacienda grande propriété rurale
hachón flambeau
halcón faucon
hallar trouver
hamaca (la) hamac
hambriento, a affamé, e
hasta jusqu'à ; même ; ...que jusqu'à ce que
hay il y a ; hay que + infinitif : il faut
he(te) aquí voici
hechizo maléfice
hecho fait
hediondo, a puant, e
heladera réfrigérateur (A.L.)
hembra (fam.) femme, femelle
herida blessure
herir blesser
hermanalmente fraternellement
hermano, a frère, sœur
hermoso, a beau, belle
heroísmo héroïsme
herrería forge
herrero forgeron
higuerilla ricin ou figuier infernal
hijo, a fils, fille
hilera file
hilo filet
hinchar gonfler
hogaño aujourd'hui

hogar foyer
hoja feuille
hojalata fer-blanc
hombre homme
hombro épaule
homenaje (el) hommage
hondo, a profond, e
hondonada ravin
honradez (la) honnêteté
horaciano du poète Horace
hormar mettre en forme (A.L.)
hormiguear fourmiller ; avoir des fourmis
horno four
horrorizarse être horrifié
hoy aujourd'hui
huelga grève
huella trace
huesero ossuaire
hueso, huesito os, petit os
huevo œuf
huidizo, a fuyant, e
humeante fumant, e
humear fumer
húmedo, a humide
humilde humble
humor (el) humeur ; humour
hundir enfoncer ; ojo hundido œil enfoncé, au fond de l'orbite
hundirse couler (bateau) ; ...en disparaître dans
huracanado déchaîné (vent)
hurgar fouiner ; hurgarse se curer

# — I —

idea idée
idioma (el) langue
iglesia église
igual égal ; seguir... continuer de même
igualdad égalité, équité
ilusión bonheur
ilusionar remplir de joie
impávido, a impassible, immobile
imperecedero, a impérissable
imprevisto, a imprévu, e
impulso impulsion
incapaz (pl. incapaces) incapables
inclusero enfant de l'Assistance Publique

incluso même
incluir inclure
increíble incroyable
indagar rechercher, s'enquérir
indigenista (el) indigéniste
indudable indubitable
infeliz (pl. infelices) malheureux, se
infinito, a infini, e
ingresar être admis
inmediato, a immédiat, e
inmune a immunisé contre
inquirir chercher à savoir
insepulto privé de sépulture
insuperable exceptionnel, insurpassable
intentar essayer de
internarse pénétrer (dans un bois)
interrumpir (se) (s') interrompre
intruso, a intrus, e
invadir envahir
invertido, a inversé, e
invierno hiver
ir aller ; ...a aller à ; ...por pan aller chercher du pain
irse s'en aller
ira colère
iracundo, a courroucé, e
isla île
isleño insulaire
izquierda gauche (≠ droite)

— J —

jaca petit cheval
jamás jamais
jaqueca migraine
jaula cage
jeme distance entre pouce et index écartés (environ 15 cm)
jíbaro jivaro (A.L.)
jora maïs germé (Pérou)
jornalero ouvrier agricole, journalier
joven jeune
Judas de trapo marionnette en chiffon représentant Judas
jueyes crabes (A.L.)
jugar jouer
junco jonc
junto a près de ; ...con avec, joint à
juntos, as ensemble

juzgar juger

— L —

labio lèvre
labor (la) le labeur
lacerar déchirer, meurtrir
lacio, a raide
ladearse se pencher
lado côté ; por un... d'un côté ; por otro... d'un autre côté
ladrar aboyer
ladrido aboiement
ladrillo brique ; carreau, carrelage
ladrón, a voleur, se
lágrima larme
lambiscones lèche-bottes
lamer lécher
lámina planche de dessins
lápiz crayon
largarse filer
largo, a long, ue ; a la larga à la longue
lastimar blesser
lata boîte de conserve
latigazo coup de fouet
látigo fouet
latir battre (cœur)
lecho lit, couche
leer lire
lejano a éloigné de
lejos loin
lenguaje langage
lenidad bénignité
lentamente lentement
leña bois
letrero enseigne
levantar dresser
leve léger, e
leyenda légende
liana liane
libra peruana dix fois le "sol", ancienne monnaie
librar livrer (bataille)
libre de à l'abri de
liga glu
Limeño habitant de Lima
limón citron
limonero citronnier
limpiar nettoyer
limpio, a propre, net, te

limpio (en lo) dans la clairière
lindo, a joli, e
línea ligne
lío balluchon
listado, a rayé, e
liviano, a léger, e
lobo, a loup, louve
loco, a fou, folle
lograr parvenir à
loma colline
loro perroquet
lucir(se) briller, se distinguer
lucha lutte
luego ensuite
lugar lieu ; en...de au lieu de
lujo luxe
lumbre (la) feu
lustroso, a brillant, e ; luisant, e
luto deuil
luz (la ; pl. luces) lumière

— LL —

llama (la) lama
llamado (sust.) appel (A.L.)
llamar appeler
llamear flamber
llanura plaine
llegar arriver ; llegarse a s'appro-
    cher de
llenadero (no tener) ne pas être
    rassasié
llenar remplir
lleno, a plein, e
llevar porter, emmener
llorar pleurer
llover pleuvoir
llovizna bruine
lluvia pluie

— M —

macizo, a solide, costaud
machacar répéter, rabâcher
machetazo coup de machette
machete (el) machette
madera bois (matière)
madrugada petit matin
madurez (la) maturité
maestro maître d'école

malhaya maudit !
malo, a mauvais, e
maloliente malodorant
malón attaque surprise d'Indiens
malva mauve
manchón grosse tache
mandadero garçon de courses
mandar ordonner, envoyer
mando commandement
manera manière
manglar marais (de palétuviers)
    (A.L.)
mangle marécage, manglier (palé-
    tuvier)
mango manche
maniquí mannequin
mano (la) main ; manos en jarras
    (con las) les mains sur les
    hanches
mantel nappe
mantener conserver
manzana pomme
mañana (la) le matin
mañana demain
manteca graisse
manteco gros lard (surnom)
maquinación machination
marcar marquer
marco monture (de lunettes)
marchar a partir pour
marear étourdir ; marearse avoir
    mal au cœur
más plus : ...allá plus loin ; ...allá de
    au-delà de
más (como el que) au plus haut
    point
más bien plutôt
matar tuer
mate (el) calebasse ; thé de Para-
    guay
matizar nuancer
matorral buisson
mayor plus grand ; aîné
mayordomo régisseur
medallón médaillon
media lengua langue approxima-
    tive, jargon
mediano, a médiocre
mediar por intervenir en faveur de
médico médecin
a medida que au fur et à mesure
    que ; ...mas plus...plus

181

**a medio** + inf. : à moitié + participe passé

**mediodía** midi

**medir** mesurer

**mejilla** joue

**mejor** meilleur ; plutôt

**melcocha** miel, pâte de miel

**memoria** mémoire, souvenir

**menos (al), (por lo)** au moins

**menoscabado** amoindri, diminué

**menudo, a** petit, e

**meñique** petit doigt

**mero** même (A.L.)

**merodear** rôder

**mesa** table

**meseta** plateau

**mestizo, a** métis, isse

**metáfora** métaphore

**meterse en** pénétrer, s'engouffrer

**metido, a** enfermé, e ; **...en** plongé, e dans

**mexicano, a** ou **mejicano, a** mexicain, e

**mezclado, a** mêlé,e à

**mezclarse** se mêler

**miedo** peur ; **tenerle...a** avoir peur de

**mientras** pendant que ; **...que** tandis que ;

**mientras tanto** pendant ce temps, en attendant

**mil** mille

**mina (el)** tambour haut et étroit (Ven.)

**mirada** regard

**mirar** regarder, voir

**mirón** curieux, badaud

**mitad** moitié

**modo** façon ; **ni modo** rien à faire

**mogote** fourré (A.L.)

**mohín** moue

**mojado, a** mouillé, e

**monjitas** les petites sœurs (nonnes)

**molestar** déranger, gêner

**montaraz** sauvage

**monte** mont ou bois

**moraduzco, a** violacé, e

**morder** mordre

**moreno, a** brun, e

**morir** mourir

**mortificar** mortifier

**mostrar** montrer

**moteado, a** moucheté, e

**moverse** remuer

**movimiento** mouvement

**mozo de cuerda** portefaix ; commissionnaire

**muchacho, a** enfant ; jeune

**mueca** grimace

**muerte (la)** mort (la)

**muestras (dar)** faire preuve

**mujer** femme

**mula andariega** monture

**mulato, a** mulâtre

**multitud** multitude, foule

**muníficamente** avec munificence


# — N —

**nacer** naître

**nacimiento** naissance

**nada** rien

**nadie** personne

**nalga** fesse

**naranja** orange

**nariz (la)** nez

**narrador** narrateur

**nativo, a** indigène

**naturaleza** nature

**náufrago** naufragé

**navaja** couteau à cran d'arrêt

**neblina** brume

**necesitar** avoir besoin de

**negocios** affaires

**negro, a** noir, e

**nene (el)** enfant (fam.)

**nervio** nerf

**nevado, a** enneigé, e

**nevisca** légère chute de neige

**nido** nid

**niebla** brouillard

**nieto, a** petit-fils, petite-fille

**niñez (la)** enfance

**niño, a** enfant ; petit garçon, petite fille

**nitidez (la)** netteté

**noche (la)** nuit

**noche a noche** nuit après nuit

**noche (por la)** la nuit

**nomás** simplement ; pour ainsi dire

**no obstante** cependant

**Norte (el)** Nord

**no sólo...sino** non seulement... mais

**notar** sentir, remarquer
**noticias** nouvelles (événements)
**novela (la)** roman
**novelesco** romanesque
**novelista (el, la)** romancier, e
**nube (la)** nuage
**nunca** jamais
**ño** M'sieur (A.L.)

## — O —

**obedecer** obéir
**obra** œuvre
**obrero** ouvrier
**obtener** obtenir
**obviar** éviter de, empêcher de
**oculto, a** caché, e
**ocurrencia** idée
**ocurrírsele algo a alguien** venir à l'esprit de quelqu'un
**odiar** détester
**oficio** métier
**ofrecer** offrir, proposer
**oído** oreille ; ouïe
**oír** entendre ; écouter
**ojeada** coup d'œil
**ojo** œil
**ola** vague (mer)
**oler** sentir
**olor (el)** odeur
**olvidar** oublier
**omnímodo** universel
**opaco, a** opaque
**oponerse** s'opposer
**opresor** oppresseur
**oprimir** opprimer
**opuesto, a (oponer)** opposé, e
**orden (la)** ordre ; **órdenes (dar)** donner des ordres
**ordenanza (el)** ordonnance (militaire)
**ordenar que** + subj. donner un ordre, ordonner de
**ordinario, a** vulgaire
**orfanato** orphelinat
**orificar** aurifier (une dent)
**orilla** rive, bord ; **orillas (a...de)** au bord de
**orquesta (la)** orchestre
**osamenta** ossements
**osario** ossuaire

**oscurecer (se)** commencer à faire sombre ; s'obscurcir
**oscuro, a** obscur, e ; foncé, e
**origen (el)** origine
**óvalo, a** ovale

## — P —

**pacto** pacte
**pagar** payer
**página** page
**pago** paiement
**país (pl. países)** pays
**pájaro** oiseau
**pajonal** chaumes
**palabra** mot, parole
**paladar (el)** palais (bouche)
**palangana** cuvette
**palma** paume de la main
**palo** bâton ; **de tal...tal astilla** tel père, tel fils
**palomar** pigeonnier
**palurdo** benêt, lourdaud
**pan (el)** pain
**pana** velours côtelé
**pandearse** s'incurver (A.L.)
**pandilla** bande
**pañuelo** mouchoir
**papel** papier
**paquete** paquet
**para** pour ; **para con** à l'égard de
**parado, a** debout (A.L.)
**paradoja (la)** paradoxe
**paraguayo, a** paraguayen, ne
**paraje** parage, endroit
**parapetarse** s'abriter
**parar la oreja, pararse a oír** tendre l'oreille
**pararse** s'arrêter ; se lever (A.L.)
**parco, a** sobre
**parche (el)** la peau du tambour
**pardo, a** brun, e ; nom : sang-mêlé (A.L.)
**pardusco** brunâtre, grisâtre
**parecer** paraître
**parecido, a** semblable
**pared** mur
**parpadear** sourciller
**párpado** paupière
**parque** parc
**parte (por otra...)** par ailleurs

participar en participer à
partida partie (jeu); départ
partir por la mitad diviser en deux
pasa cheveux crépus
pasado (el) le passé
pasaje passagers dans leur ensemble ; billet de bateau ou d'avion
pasajero, a passager, e
paso passage ; pas
pastor, a berger, e
patillas favoris (barbe)
patio cour
patriota patriote
patuleco, a disloqué, e ; déglingué, e (A.L.)
pausa pause
pava dinde ; tocar la pava jouer du tambour (Ven.)
pecho poitrine
pecoso, a plein de taches de rousseur
pedazo morceau ; pedazo de animal espèce d'abruti ; a pedazos par à-coups
pedir demander
pedregoso pierreux
pegado a la pared longeant le mur
pegajoso poisseux
pegar coller ; battre
peine peigne
pela raclée, bastonnade (A.L.)
pelambre (la) peau (de mouton)
pelar rosser
peldaño marche (d'escalier)
peligro danger
peligroso, a dangeureux, euse
pelo cheveux
pelota china balle au prisonnier
pellejo peau (fam.)
pellón couverture de peau (sous la selle)
pensamiento pensée
pensar en penser à
peña roche, rocher
peón péon, ouvrier agricole
peor pire
Pepe dim. de José
pequeño, a petit, e
perder perdre ; perderse rater, manquer
perezoso, a paresseux, se

periodista (el) journaliste
permanecer rester
pero mais
perro chien
personificar personnifier
peruano, a péruvien, ne
perverso pervers
pesado, a pesant, e ; lourd, e
pescuezo cou
pesebre auge, étable
peso poids ; monnaie de pays d'Amérique Latine
pestañear ciller, sourciller
picacho grand pic
picardía entourloupette
pie (el) pied ; estar de pie être debout
pies (echar a) tirer au sort (en faisant les pas)
piedad (la) pitié ; piedades manifestations de pitié
piedra pierre
piel peau
piel : ser de la piel de Judas (del Diablo) avoir le diable au corps
pila pile, tas
pileta évier
Pimpinela Escarlata le Mouron rouge (roman)
pintar peindre ; jouer un rôle
pisar los talones être sur les talons de quelqu'un
piso sol ; étage
pistola (la) pistolet
pitar siffler
placer plaisir
plagado de couvert de
planchar repasser (fer)
plata argent
platillos cymbales
plato (el) assiette
playa plage
pleito bagarre (A.L.)
plomo plomb
poblacho pauvre hameau, "trou"
población population
a poco peu après
poder pouvoir ; no poder con ne pas venir à bout de
poderoso, a puissant, e
poema (el) poème

**polaco, a** polonais, e
**polígrafo** polygraphe
**polvareda** nuage de poussière
**polvo, polvillo** poussière, fine poussière
**polvoriento, a** poussiéreux, se
**pollo** poulet ; **pollo, polluelo** poussin
**pómulo** pommette
**ponche** punch
**poner** mettre ; **...atención** en faire attention à
**poner las cosas en su sitio** remettre les choses à leur place
**ponerse a** se mettre à ; **...+ adj.** devenir ; **...de** faire le métier de
**popa** poupe
**poquito (un)** un petit peu
**por** par ; pour ; **...allá** là-bas loin ; **...lo cual** à cause de cela
**por mucho que + subj.** avoir beau
**porche** porche ; pl. arcades
**porongo** calebasse (Pérou)
**porqué (el)** la cause
**porquería** excréments
**portarse (bien o mal)** se conduire (bien ou mal)
**portero** portier, concierge
**posada** auberge
**posadero** aubergiste
**posarse** se poser (oiseau) ; se déposer
**poseer** posséder
**pozal** margelle
**precio** prix
**prefecto** préfet
**preguntar** demander, poser une question ; **...por** prendre des nouvelles
**prejuicio** préjugé
**premio** prix, récompense
**prenderse** s'enflammer (A.L.)
**presa** proie
**prescindir** se passer de
**presencia** présence
**presenciar** assister à ; être témoin de
**prestigiar** rehausser le prestige de
**prever** prévoir
**previsto, a** prévu, e
**primavera** printemps
**primaveral** printannier

**primerizo** débutant, timide
**primero, a** premier ; **primero d'abord**
**principiante** débutant
**principio** début
**prisa** hâte
**probar** prouver, essayer
**procaz (pl. procaces)** ordurier
**proceder (el)** conduite, procédé
**producirse** se produire
**producto** produit
**programa (el)** programme
**prohibir** interdire
**promesa** promesse
**prometer** promettre
**pronto (de)** soudain
**pronunciar** prononcer
**propasarse** prendre des libertés ; dépasser les bornes
**propio, a + nom** propre : nom propre + lui-même, elle-même
**proponer** proposer
**proseguir** poursuivre, continuer
**proteger** protéger
**prueba** épreuve, preuve
**pueblo** village ; peuple
**puente (el)** pont
**puerta** porte
**puerto** col (montagne)
**puertorriqueño, a** portoricain, e
**pues** car ; eh bien ; donc
**puesto, a < poner**, mis, e ; **puesto** poste
**pujar** gémir, crier
**pujido** gémissement
**pulir** polir
**pulmón** poumon
**pulpería** épicerie, débit de boisson (A.L.)
**puna** haut plateau (A.L.)
**punta** pointe ; petite quantité
**puntapié** coup de pied
**puntilla** dentelle
**punto** point
**puñal** poignard
**puño** poignée (quantité)

— Q —

**quebrada** ravin ; **...agudísima** ravin à pic

**quechua** descendant du peuple quechua ; langue (Andes du Pérou et de Bolivie)

**quedar(se)** rester ; **quedarse de** + métier : rester comme, en tant que

**quejido** plainte

**quemar** brûler ; **quemarse** se brûler, se consumer

**querer** vouloir ; **...a una persona** aimer

**¿qué tal?** comment ça va? ; **¿qué tal les pinta?** comment vont les choses pour vous?

**quieto, a** calme

**quincallero** marchand de bimbeloterie

**quitar** enlever, retirer

# — R —

**rabiar** enrager

**racimo** grappe

**raído, a** râpé, e

**raíz** racine ; **a raíz de** à la suite de

**rampa** rampe

**rana** grenouille

**rancho** chaumière, ferme

**rápido** rapide

**raro, a** étonnant, e ; bizarre

**rascarse** se gratter

**rasgar** déchirer

**rasgo** trait ; geste (de courtoisie)

**rato** moment ; **a ratos** par moments

**rayar** rayer

**rayo (el)** la foudre ; **rayo (un)** un éclair

**razón (la)** raison

**reacción (la)** réaction

**rebañar** racler

**rebaño** troupeau

**rebasar** dépasser

**rebenque** fouet (A.L.)

**rebosar** déborder

**rebotar** rebondir (balle, pierre...)

**rebullir** agiter, remuer

**rebuscar** rechercher

**receloso, a** soupçonneux, se ; méfiant, e

**recibir** recevoir

**recién** récemment ; **recién llegado** nouveau, nouvelle arrivée

**recio** (adv.) dru, dur ; vigoureusement

**recluta (la)** recrutement

**recobrarse** se rasséréner

**recodo** virage

**recoger** rassembler

**reconocer** reconnaître

**recordar** se rappeler

**recostarse** en s'appuyer sur

**recurrente** récurrent

**recuerdo** souvenir

**rechazar** repousser, rejeter

**rechazo (actitud de)** refus (attitude de)

**rechifla** huées

**redentor, a** rédempteur, rédemptrice

**redondo, a** rond, e

**referir** rapporter, raconter

**de refilón** de l'avant

**reflejar** refléter

**reflejo** reflet

**refunfuñar** grommeler

**regalar** offrir

**regresar** retourner, revenir

**regreso** retour

**rehusar** refuser

**reír** rire ; **reírse de** se moquer de

**relampaguear** faire des éclairs

**relato** récit, nouvelle

**reliquia** relique

**reloj (el)** montre (la)

**reluciente** reluisant, e ; brillant, e

**remansar** stagner

**remanso** nappe d'eau dormante

**remar** ramer

**rememorar** remémorer

**remendar** raccommoder

**remolinear** tourbillonner

**remolino** remous, tourbillon

**remordimiento** remords

**remos** rames

**remoto, a** lointain, e (dans le temps)

**renacer** renaître

**rencilla** querelle, rancune

**reñir** se disputer

**repaso** récapitulation

**repentino, a** subit, e

**repiquetear** battre vivement (tambour)

**reponerse** se ressaisir

reputación réputation
res (la) tête de bétail
resbalar glisser
resentido, a plein de ressentiment
resentimiento ressentiment
resguardo (a...de) à l'abri de
resistirse a résister à
resonar résonner
respaldo dossier
responder répondre
responsabilidad responsabilité
resquebrajado, a craquelé, e
restañar étancher
restar rester
restinga banc de sable
restituir restituer
restregarse se frotter
resultar + adj. s'avérer, être, demeurer
retemblar retentir
retener retenir
retorcerse se tordre, se tortiller
retrasado en retard
retrasarse être en retard ; se faire attendre
retrato portrait
retroceder reculer
retumbar retentir
reventar éclater
revés revers
revoloteo tourbillon
riachuelo ruisselet
riesgo risque ; con...de au risque de
rigidez rigidité
riñón rein
riña querelle, dispute
río fleuve, rivière
risa (la) rire
rizar (se) (el río) se rider
robar voler
roble chêne rouvre
roca roche
rociar arroser
rodar rouler ; dévaler une pente
rodear entourer
rodilla genou
rojo, a rouge
rollo (de viento) colonne
roma (la nariz) aplati (le nez)
romper casser
roncar ronfler
ronco, a rauque

rondar rôder
ropa(s) la(s) vêtements
rostro visage
rozar frôler
rubio, a blond, e
rueda roue ; Paraguay, surnom local : l'"Insaisissable"
ruido bruit

— S —

sábana (la) drap
saber savoir ; ...a avoir le goût de
sable sabre ; sable cola de gallo machette
sabroso, a savoureux, se
sacar sortir de, retirer
saco veste (A.L.)
sacudida secousse
sacudido saccadé ; endiablé, entraînant
sacudón secousse (A.L.)
sacudir secouer
sacrificar sacrifier
sacrificio sacrifice
sal (la) sel
sala salle, salon
salario salaire
salero salière
salida sortie
salir sortir, devenir ; salir a luz être publié
salir del paso se tirer d'affaire
salmuera saumure
salsa sauce
saltar sauter, sursauter
saltito dim. de salto, petit saut
salvar sauver ; a salvo sain et sauf
samán sorte de cèdre (A.L.)
sangrar saigner
sangre (la) le sang
santiguarse se signer, faire le signe de croix
santiamén (en un) en un clin d'œil
santo, a saint, e
sarta chapelet
sartén (la) la poêle à frire
saya jupe ample
a la sazón à l'époque
secarse se sécher
sed (la) soif

187

seda soie
sedentario, a sédentaire
seducir séduire
seguida (en) tout de suite
seguir continuer; ...bien se porter
　　bien
segundo, a second, e; de segunda
　　mano d'occasion
segundo (un) une seconde
seguramente sûrement
seguro, a sûr, e; assuré, e
selección recueil
selva forêt
sello cachet
sencillez (la) simplicité
senda sentier
sendero sentier
senectud (la) vieillesse
sentarse s'asseoir
sentenciar décréter
sentir ressentir; entendre; se ren-
　　dre compte; ...se se sentir
señalar montrer
señor, señora monsieur, madame
señoritingo "petit monsieur"
separarse se séparer
septiembre septembre
ser être, provenir de
ser(es) être(s)
serio, a grave
serpiente (la) serpent
serrano de la montagne, monta-
　　gnard
servicial serviable
servilleta serviette de table
servir servir
seto haie
siempre toujours
sierra montagne
siervo, a serf, serve
siete sept
significado signification
siguiente suivant, e
silbar siffler
silla chaise; selle; silla de montar
　　selle de cheval
sillón fauteuil
simpatía sympathie
sin sans; sin...mot fém. + alguna:
　　sans aucune + mot fém.
sin embargo cependant
siniestro, a sinistre

no...sino ne...que
síntesis (la) synthèse
siquiera ne serait-ce que, du moins
sitio place
¡ so! (injure) espèce de
soberbio, a arrogant, e; superbe
sobrado, a exagéré; trop de
sobre sur; por sobre par-dessus;
　　sobretodo surtout
sobresalto sursaut
socorrer secourir
soga corde
sol soleil; ancienne monnaie du
　　Pérou
solar terrain
solas (a) seul à seul
soldada la solde, la paie
soldado soldat
soldadura soudure
soledad solitude
soler avoir l'habitude de
solo, a seul, e
sólo seulement; sólo que seulement
soltar lâcher; soltarse commencer
　　(Mex.)
sombra ombre
sombrero chapeau
someterse se soumettre
sonar sonner, résonner; no dejar de
　　sonar être toujours en marche
sonar (tr) faire résonner
sonreír sourire
sonriente souriant, e
sonrisa sourire
sonsonete rengaine; répétition de
　　sons
soñar rêver; soñar con rêver de
soñoliento, a somnolent, e
soplar souffler
soplo souffle
sórdido, a sordide
sordo, a sourd, e
sorprender surprendre
sosiego calme, repos
sospechar soupçonner
soto futaie
subir (a) monter (dans)
suceder arriver
sucio, a sale
sudor (el) sueur
sudoroso(s) en sueur
suelo sol

**suelto, a** libre ; lâché ; (cheveux) au vent

**sueño** sommeil ; rêve

**suerte** sorte ; **toda...de** toute sorte de

**suficiente** suffisant, e

**sujeto** individu

**Sur** Sud

**surgir** surgir

**suspensivos (puntos)** points de suspension

**suspirar** soupirer

**susto** frayeur

**sustraer** subtiliser

**sutil** subtil, e

**suyo, a** à lui, à elle ; sien, sienne

— **T** —

**tabla** planche

**taita** monsieur ; petit papa (quechua)

**tahalí (el)** bandoulière

**tal** un tel...

**tal como** tout comme ; **tal vez** peut-être

**talento** talent

**tambalear** chanceler

**también** aussi

**"tambo"** refuge, halte (Pérou)

**tambora** grand tambour (Mex.)

**tampoco** non plus

**tan** + adj. : tellement + adj. ; **tan** + adj. + **como** : aussi + adj. + que

**tantatantan** ranrataplan

**tantear** tâtonner ou faire le bruit tan-tan

**tantos...como** autant de...que

**tanto más cuanto que** d'autant plus que

**tapa** couverture (livre)

**taparse** se cacher

**tapia** mur (de jardin)

**tararear** fredonner

**tardar en** mettre du temps à

**tarde** soir ; **por la...** l'après-midi

**tarea** tâche

**tarjetas postales** cartes postales

**tatemar** griller (Mex.)

**techo** toit ; plafond

**tejido** tressage

**telúrico** tellurique

**tema (el)** thème, sujet

**temblar** trembler

**temblor** tremblement ; tremblement de terre (A.L.)

**tembloroso, a** tremblant, e

**temerose, a** craintif, ive

**temor (el)** crainte

**tenaz (pl. tenaces)** tenace

**tender** étendre

**tener** avoir ; **tener que** + inf. : devoir (obligation)

**teñir** teindre

**tercero, a** troisième

**terciado, a** en bandoulière

**terciopelo** velours

**terminal (la)** le terminus

**terremoto** tremblement de terre

**teso** sommet, crête

**tesoro** trésor

**testigo** témoin

**tez (la)** peau

**tibio, a** tiède

**tiempo** temps ; **a...que** dans le même temps que, en même temps que

**tienda** boutique ; épicerie

**tierra** terre ; **tierra adentro** à l'intérieur des terres

**timbre (el)** la sonnette ; timbre fiscal

**timón** gouvernail

**tira (de pellejo)** languette de chair

**tirachinas (el)** lance-pierres

**tirado** allongé

**tirar** jeter

**tiritar** trembler, grelotter

**titilar** scintiller

**título** titre

**Tizona** épée (nom de celle du Cid)

**tocar** jouer d'un instrument

**todavía** encore

**todo (el)** complètement

**toldo** bâche, rideau

**tomar** prendre

**tonterías (conversar)** dire des riens

**tonto, a** sot, te

**toparse con** rencontrer

**tópico** lieu commun

**torda (la)** ou **tordo (el)** grive

**tormenta** orage

**tornasolado, a** chatoyant, e
**torno (en)...a** autour de
**torpedera** torpedo, torpille
**tortilla** galette de maïs
**torvo, a** torve
**tos** toux
**tostar** griller
**trabajar** travailler, éprouver
**trabajo** travail
**traducir a** traduire en
**traer** apporter, amener
**traérselas** être très fort
**traje** costume
**trajinar** aller et venir, s'affairer
**tránsito** circulation
**tranvía (el)** tramway
**trapo** chiffon
**traspatio** arrière-cour
**trasponer** disparaître derrière
**tratar** traiter ; **tratarse de** s'agir de
**tratos (sin más...)** sans discuter davantage
**través (a...de)** à travers
**trayectoria** trajectoire, tendance
**trazo** trait de crayon ; ligne de conduite
**trece** treize
**trenza** tresse
**trigo** blé
**tripas (las)** ventre
**trombón** trombone
**trompo** toupie
**tronchado, a** brisé, e
**tropezar** buter
**trotecillo** dim. de **trote**, petit trot
**trozo** morceau
**trueno** tonnerre
**tufo** relent
**tumbado, a** couché, e
**tumbar** renverser, jeter à terre ; sonner (tambour)
**túmulo** tumulus
**turbio, a** trouble

# — U —

**último, a** dernier, e
**unánime** unanime
**único (lo...que)** la seule chose qui
**uno** on, vous impersonnel ; **uno que otro** quelques

**untuoso, a** onctueux, euse
**uña** ongle
**urgente** urgent, e
**uruguayo, a** uruguayen, ne

# — V —

**vacaciones (las)** vacances
**vaciar** vider
**vacilante** vacillant, e, hésitant, e
**vacilar** hésiter
**vacío, a** vide
**vago, a** vague
**vaivén** va-et-vient
**valer** valoir ; **valerse de** se servir de, profiter de
**valioso, a** précieux, se
**vano (en)** en vain
**vara** perche ; gaule, canne à pêche
**vaso chato** petit verre
**vecino a** voisin de, proche de
**veinte** vingt
**vela** voile de bateau
**veleta** girouette
**venado** cerf
**vencedor** vainqueur
**vencer** vaincre ; **vencido, a** vaincu, e
**vendaval** ouragan
**vendedor** vendeur
**vender** vendre
**venezolano, a** vénézuelien, ne
**venganza** vengeance
**vengarse** se venger
**ventana** fenêtre ; **ventanal** grande baie
**ventear** flairer
**ver** voir, se rendre compte ; **¡ a ver !** voyons ! **véase :** qu'on se représente
**verano** été
**veras (de)** véritablement
**verdad (la)** vérité ; **¿ Verdad ?** n'est-ce pas ? **es...** c'est vrai
**verde** vert, e
**verdecer** verdir
**verdoso** verdâtre
**verdugo** bourreau
**verga** verge ; **vergazo** coup de verge
**verter** verser
**vértigo** vertige
**vestigio** vestige

**vestir** habiller
**vez, veces** fois ; **a su vez** à son tour ;
   **otra vez** à nouveau
**vez (en...de)** au lieu de ; **tal vez** peut-
   être
**viajar** voyager
**viaje** voyage
**viajero, a** voyageur, se
**vidrio** verre
**viejo** vieux, vieillard
**viento** vent
**vilo (en)** en chancelant
**vínculo** lien
**viñeta** image
**violeta** violet, te
**Virgen** Vierge
**visitante** visiteur, se
**visitas (las)** les visiteurs
**vislumbrar** apercevoir
**vivo** vivant
**vizcacha** viscache (petit rongeur)
**vivienda** habitation
**vocear** crier
**volar** voler (oiseau)
**volver** revenir ; tourner (le regard) ;
   **...a** + v. : refaire cette action
**vos** toi, tu (A.L.)
**vuelo** vol

**vuelta** retour ; **dar una...** faire un
   tour ; **a la...** tout près
**vuelta (a la) ...de la esquina** au coin
   de la rue

# — Y —

**ya** déjà ; **ya...no** ne...plus ; **ya les**
   **dirás** tu leur diras bien
**yeso** plâtre
**yagua** palme (feuille de palmier)
   (A.L.)
**Yanqui** Yankee
**yo** moi, je

# — Z —

**zaguán** vestibule, entrée
**zambo** fils de Noir et d'Indienne
**zambullirse** plonger, se plonger
**zanco** échasse
**zopilote** aura, sorte de vautour
   (A.L.)
**zumbar** bourdonner
**zurcidor** ravaudeur

# Casetes de la colección

Van con los libros unos casetes de 60 minutos cada uno que han de mejorar su comprensión oral y acostumbrarle a varias voces y acentos.

— Inglés corriente ; acento londinense o escocés.
— Americano corriente ; acento de Nueva York o californiano.
— Alemán corriente ; acento austríaco o suizo.
— Castellano y acentos hispanoamericanos.

Un casete va con este libro.

Composition réalisée par COMPOFAC - PARIS

---

IMPRIMÉ EN FRANCE PAR BRODARD ET TAUPIN
Usine de La Flèche (Sarthe).
LIBRAIRIE GÉNÉRALE FRANÇAISE - 6, rue Pierre-Sarrazin - 75006 Paris.

ISBN : 2 - 253 - 04695 - 7 ◈ 30/8608/9